KB025879

# 플랫폼 전쟁

OTT 스토리텔링 생존 공식

플랫폼 전쟁
OTT 스토리텔링 생존 공식

2022년 2월 20일 초판 인쇄
2022년 2월 25일 초판 발행

지은이 | 김공숙, 박선민, 윤복실, 이승희, 이현민, 장은진
교정교열 | 정난진
펴낸이 | 이찬규
펴낸곳 | 북코리아
등록번호 | 제03-01240호
주소 | 13209 경기도 성남시 중원구 사기막골로 45번길 14
우림2차 A동 1007호
전화 | 02-704-7840
팩스 | 02-704-7848
이메일 | ibookorea@naver.com
홈페이지 | www.북코리아.kr
ISBN | 978-89-6324-828-8(03680)

값 15,000원

* 본서의 무단복제를 금하며, 잘못된 책은 바꾸어 드립니다.

플랫폼 전쟁

# OTT 스토리텔링 생존 공식

김공숙·박선민·윤복실·이승희·이현민·장은진 지음

북코리아

# 머리글: OTT 전쟁에서 살아남는 스토리텔링의 공식

바야흐로 OTT 전쟁시대다. OTT는 Over The Top의 준말로, Top을 넘어서라는 뜻이다. 이때 Top은 셋톱박스를 의미한다. 즉, OTT는 초기에 셋톱박스 기반의 인터넷 동영상 서비스를 의미했다. 이제는 인터넷을 통해 PC나 태블릿, 스마트폰 등의 다양한 디바이스로 방송 프로그램과 영화 등 각종 미디어 콘텐츠를 제공하는 서비스를 의미하게 되었다. 그것도 동영상을 일일이 내려받는 게 아니라 스트리밍 방식으로.

OTT 서비스는 인터넷 통신망의 발달, 스마트폰의 보급률 증가와 성능의 향상 등 미디어 시청 환경의 변화가 성장의 근본 배경이다. 서비스가 가능한 단말기 범위의 확대, 콘텐츠의 방대한 양과 다양성, 독점적 콘텐츠의 제작과 공급 등이 성장을 더욱 촉진했다. OTT 서비스는 2000년대 중반부터 시작되었다. 넷플릭스가 단연 1위다. 넷플릭스는 비디오 대여 사업으로 시작해 DVD 대여업을 거쳐 현재 글로벌 OTT 서비스업계의 선두가 되었다. 이에 맞서 애플, 디즈니, 아마존, HBO맥스, AT&T 자회사 워너미디어 등이 나서서 세계는 그야말로 미디어 춘추전국시대가 펼쳐지고 있다.

일찍이 마셜 매클루언(Herbert Marshall McLuhan)은 "미디어는 메시지"라고 언명했다. 모든 미디어는 인간의 심적 혹은 신체적 능력의 확장이며, 전자 미디어가 인간의 감각이나 사회를 변하게 하는 측면을 강조했다. 정말 그렇지 않은가?

한 드라마 애호가가 있다. 드라마를 연구한다면서 이제 TV는 거의 보지 않는다. 모두가 잠든 밤에 태블릿으로 넷플릭스에 접속한다. 그리고 다음 회차 방송을 기다릴 필요 없이 전편이 다 서비스되는 드라마를 클릭한다. 하룻밤에 여러 편을 몰아본다. 빈지와칭(binge watching)이다. 〈오징어 게임〉의 초초대박으로 초록색 트레이닝복을 입고 입이 함박만 해졌던 넷플릭스 CEO는 "넷플릭스의 경쟁 상대는 수면시간"이라고 했다. 정말이다. 잠과 싸우며 드라마를 본다. 넷플릭스 시리즈는 8부작, 12부작, 그리고 익숙한 16부작 등 형식도 다양하고 분량도 제각각이다. 마음에 드는 작품이 시즌 2, 3까지 시청을 기다리고 있어 즐겁다. 한 작품을 하루 이틀이면 다 섭렵한다. 이 드라마 애호가는 필자이고, 이 책의 저자 모두이며, 독자들일 수 있다.

넷플릭스는 2016년 1월 한국의 OTT 시장을 선점했다. 넷플릭스의 독주에 대항해 2021년 말 막강한 콘텐츠를 보유한 디즈니플러스와 애플플러스까지 한국에 상륙했다. 그뿐만 아니다. 글로벌 OTT의 고래 싸움 속에서 살아남기 위해 국내의 방송사, 통신사, 포털 기업들도 전열을 가다듬었다. 지상파 콘텐츠를 주로 서비스하는 웨이브(wavve), KT의 시즌(seezn), tvN 등을 소유한 CJ · jtbc · NAVER가 함께하는 티빙(TVING), 영화 평과 추천 서비스를 하다가 OTT를 론칭한 왓챠(watcha), 카카오엔터테인먼트의 카카오TV, 쿠팡의 쿠팡플레이 등 국내 OTT 시장도 춘추전국시대다.

역시 무기는 해당 플랫폼의 오리지널 콘텐츠다. MBC 〈검은 태양〉의 본방송을 놓친 시청자는 남궁민의 벌크업 된 근육질을 보려면 웨이브에 가입할 수밖에 없다. 〈술꾼도시여자들〉은 걸그룹 시크릿의 멤버 한선화의 찰지고 적나라한 욕이 장안에 화제였다. 이걸 보려면 TVING에 가입해야 한다. 배우 김수현이 앳된 대학생 살인혐의자로 리얼한 연기를 펼치는 〈어느 날〉은 오로지 쿠팡플레이에 가야만 볼 수 있다.

글로벌 OTT이든 국내 OTT이든 저마다 오리지널 콘텐츠를 무기로 전쟁을 선포했다. 그러나 승세는 여전히 넷플릭스다. 선발주자인 넷플릭스의 오리지널 콘텐츠의 힘은 이미 증명된 바다. 넷플릭스 오리지널 〈킹덤〉에 이어 〈오징어 게임〉은 미국인을 한국발 딱지치기 놀이에 빠지게 만들었고, 〈D.P.〉, 〈지옥〉, 〈마이네임〉에 이어 최근의 〈지금 우리 학교는〉은 공개 직후 세계 1위에 올라가 15일간 정상을 차지했다. 한국의 뛰어난 드라마, 예능, 영화 콘텐츠가 넷플릭스에 실려 훨훨 날아오르고 있다.

넷플릭스는 꼭 자사의 오리지널 콘텐츠만 서비스하지 않는다. 기왕에 방송된 한국의 우수 드라마들이 2020년 시작된 팬데믹 속에서 승승장구했다. 〈사랑의 불시착〉, 〈이태원 클라쓰〉가 대표적이다. 〈별에서 온 그대〉, 〈쓸쓸하고 찬란하神 도깨비〉, 〈알함브라 궁전의 추억〉 등 이미 방송된 인기 드라마들도 넷플릭스를 통해 세계의 시청자와 만나고 있다.

넷플릭스 이용자에게는 우수한 해외 콘텐츠를 접하는 것도 큰 즐거움이다. 중국 드라마의 인식을 바꿔준 중국 OTT 드라마 〈겨우, 서른〉은 한국의 여성 시청자에게도 인기였다. 넷플릭스 오리지널 스페인 드라마 〈종이의 집〉은 그 자체로도 흥미진진했는데, 2022년 상반기 한국의 리메이크 작으로 넷플릭스에 공개될 예정이다. 좋은 이야기는 이제 국가도 문화도 초월한다. OTT가 그렇게 만들었다. 원천 스토리가 뛰어나고, OTT라는 플랫폼에 적합하게 들어맞는 소재와 구성에 프로그램 생산국의 차별화된 로컬리티가 글로벌 보편성 속에서 공감을 유발하게 하면, 이제 상대는 한 나라가 아니라 전 세계다!

많이 알려졌다시피 요즘 드라마는 웹툰, 웹소설 원작을 드라마화 것이 대세다. 〈경이로운 소문〉, 〈스위트홈〉, 〈D.P.〉, 〈지옥〉, 〈지금 우리 학교는〉, 〈술꾼도시여자들〉, 〈며느라기〉, 〈유미의 세포들〉, 〈이태원 클라쓰〉, 〈옷소매 붉은 끝동〉…. 일일이 거명하기조차 어렵다. 그런데 원작이 매체를 전환(trans)하면 스토리텔링(storytelling)이 많이 달라진다. 왜? 매체(media)의 특성을 살려야 하니까. 웹툰이 드라마로 또 영화로 만들어질 때가 다르고, OTT에 얹어지면 또 달라진다. OTT만의 매체 특성 때문이다.

다시 한번 매클루언의 공식이 떠오른다. '미디어=메시지'이기에 같은 스토리(story)도 어떤 이동 수단(media)에 실려 어떻게 표현되느냐(telling)에 따라 변화할 수 있다. 지금은 트랜스미디어 스토리텔링 시대다. 원천 스토리가 다른 매체를 타고 트랜스하면서 이야기 세계(story universe)는 무한히 확장된다. 트랜스미디어 스토리텔링 방식에는 시퀄(sequel), 프리퀄(prequel), 클리프행어(cliff hangers), 스핀오프(spinoff) 등 몇 가지가 있다.

저자들은 오랫동안 콘텐츠 제작 현장에서 방송작가로, 기획자로, 리포터로, 출연자로 활동한 스토리텔러이고 지금은 콘텐츠를 연구하고 가르친다. 말하자면 콘텐츠 제작의 실무와 이론에 모두 익숙한 편이다. 또한 대부분 같은 스승님을 모신 동문수학 사이이기도 하다. 저자들의 이런저런 공통점이 요즘 같은 엄중한 플랫폼 전쟁시대에 함께 모여 OTT 스토리텔링 생존 공식을 뽑아보게 만들었다.

윤복실은 넷플릭스 오리지널 한국 드라마 〈킹덤〉이 성공할 수 있었던 원인을 OTT 매체의 특징에 적합한 스토리텔링 전략 구사에 둔다. 이야기 차원에서는 기존 TV 드라마의 몰입성과 연속성을 재현하지만, 담화 차원에서는 일상성을 벗어난 서사 전략이 성공에 주효했다고 분석한다. OTT 스토리텔링 제1공식은 "매체의 특성을 파악하라!"는 것이다.

김공숙은 넷플릭스에서 서비스 중인 〈별에서 온 그대〉와 〈쓸쓸하고 찬란하神 도깨비〉의 특별한 해피엔딩에 주목한다. 이들 드라마는 초월적 남성 캐릭터를 등장시켜 로맨틱코미디의 상투적인 해피엔딩을 참신하게 변형한다. 이로써 로맨틱코미디의 낭만적 사랑의 애틋함과 행복감을 동시에 전달해 국내와 해외 시청자 모두를 즐겁게 했다. OTT 스토리텔링 제2공식은 "끝이 좋아야 다 좋다!"이다.

이현민은 중국의 OTT 드라마 〈겨우, 서른〉이 현대 여성의 삶과 행복, 고난을 상세히 묘사하여 유교문화권 공동의 문화 의식 아래 있는 한중 여성들의 공감대를 이끌어내는 데 성공했다고 평가한다. 〈겨우, 서른〉은 해외 콘텐츠가 유입될 때나 우리 콘텐츠가 나아가야 할 방향성 모두를 제시하며 세계 시장을 겨냥한 OTT 드라마의 서사 전략을 보여준다. OTT 스토리텔링 제3공식은 "세계인의 핵심 공감대를 건드려라!"이다.

이승희는 한동안 주춤했던 일본의 4차 한류를 재부팅한 〈사랑의 불시착〉의 엄청난 인기 배경을 추적한다. 〈사랑의 불시착〉은 남녀 간의 사랑, 질투, 가족, 의리, 배신 등 보편적 정서를 담은 익숙한 형식에 남북분단이라는 한국적 현실이라는 차별화된 배경으로 일본의 중년 남성까지 넷플릭스를 끌어안게 만들었다. OTT 스토리텔링 제4공식은 "보편성과 차별성 두 마리 토끼를 잡아라!"이다.

장은진은 "한국 드라마의 실험 정신과 독창성을 보여주는 한국 최초의 증강현실(AR) 드라마 〈알함브라 궁전의 추억〉에 넷플릭스가 추구하는 기술과 상상력의 결합이 녹아 있다"고 말한다. 현실과 게임 세계를 넘나들며 3차원 가상 이미지와 공간의 경계를 허무는 이 드라마는 동양적이지만 전 세계인에게 통용될 수 있는 판타지 서사를 마음껏 그려낸다. OTT 스토리텔링 제5공식은 "ICT를 활용한 과학적 판타지로 승부하라!"이다.

박선민은 한국 인기 예능의 스핀오프 프로그램 〈내일은 미스터트롯〉, 〈싱어게인〉에 주목한다. 스핀오프는 이야기 세계를 넓혀나가는 트랜스미디어 스토리텔링 방식의 하나로, 원작과 스토리 세계를 공유하지만 주인공이나 줄거리는 완전히 다르고 원천 콘텐츠에서 새롭게 파생되어나온 것이다. 스핀오프는 대중의 선호를 파악하는 것이 중요하다. OTT 스토리텔링 제6공식은 "대중의 눈높이로 트랜스미디어하라!"이다.

OTT 스토리텔링 생존 공식은 저자들의 관심사를 중심으로 뽑은 것이다. 이 외에도 더 중요한 공식이 있을 수 있다. 후속연구에서 좋은 공식들이 많이 뽑히길 기대한다.

오랫동안 시장에서 우월한 지위를 확보하고 지배력을 행사해온 지상파방송, 유료 케이블방송 등은 이제 레거시 미디어(legacy media)로 점잖게 거명된다. 실상은 좀 세게 말하면 '퇴물'이다. 레거시 미디어를 이렇게 만든 대표주자가 바로 OTT다. 환경 변화에 발 빠르게 대처하지 못한 레거시 미디어들은 치열한 플랫폼 전쟁 속에서 필연적으로 시청점유율이 하락하면서 더 이상 지배력을 행사하지 못하고 있다.

이처럼 미디어는 변한다. 그에 따라 스토리텔링도 변한다. 변화에 대응하지 못하면 대중의 관심에서 멀어지게 된다. OTT는 지금 이 시대에 가장 각광받고 있는 매체다. 그러나 TV가 나왔다고 라디오가 사라지지 않았고, 라디오 스타를 죽이고 나온 TV가 지금 OTT와의 경쟁에서 고전을 면치 못하고 있듯이, 영원한 매체도 없고 사라지는 매체도 없다. 그렇다면 대처방법은? 답은 좋은 이야기다. 어떤 미디어에 실려도 좋은 이야기는 예나 지금이나 언제나 사랑을 받는다.

책의 출판을 흔쾌히 허락해주신 북코리아의 대표님과 수고해주신 편집자님께 진심으로 감사드린다. 플랫폼 전쟁시대에 이 책에 손이 갈 콘텐츠에 관심 있는 학생, 제작자, 연구자, 교육자들 그리고 OTT 스토리텔링과 K-콘텐츠에 지대한 관심이 있으신 국내외 독자들에게 미리 감사드린다.

2022년 2월

저자 김공숙

## 차례

# OTT 드라마 〈킹덤〉 서사 전략

## 윤복실

●●●●●●

### 생존 공식 1: 매체의 특성을 파악하라!

연극에서 시작된 드라마는 영상 기술의 발달에 따라 오늘에 이르렀다. 오늘날 드라마가 가장 많이 소비되는 곳은 OTT 플랫폼이다. OTT 서비스는 다중플레이가 가능한 미디어다. 따라서 OTT 서비스에서 제공되는 드라마는 그 어느 미디어보다 몰입성을 필요로 한다. K-드라마의 저력을 세계에 보여주기 시작한 넷플릭스 드라마 〈킹덤〉은 OTT 서비스의 특성을 가장 잘 파악한 드라마다.

## 드라마의 서사 전략과 OTT 서비스

오늘날 드라마는 텔레비전 매체뿐만 아니라 인터넷을 기반으로 한 플랫폼, 즉 넷플릭스, 웨이브 등 OTT 서비스를 통해 소비된다. OTT(Over The Top) 서비스는 인터넷을 통해 드라마와 영화 등의 콘텐츠가 제공되는 것을 말하는데, OTT 서비스의 활성화는 콘텐츠 소비 방식을 바꿔놓았다. TV 드라마 시청자는 방송사가 정하는 시간에 따라 수동적으로 프로그램을 시청하지만, OTT 서비스 이용자는 원하는 시간과 장소에서 콘텐츠를 능동적으로 시청할 수 있기 때문이다. 이는 OTT 서비스가 영상콘텐츠를 한꺼번에 제공하기 때문에 가능한 변화다. 중요한 것은 '몰아보기(binge viewing)'라는 새로운 콘텐츠 소비 현상이 등장했다는 점이다. 몰아보기 현상은 넷플릭스에서 비롯되었는데, 넷플릭스는 콘텐츠의 '반복적인 제시(exposition)의 최소화와 스트리밍 흐름 형식의 최대화'를 전략적으로 추구함으로써 몰아보기를 주도했다.[1] 이를 통해 넷플릭스는 OTT 서비스의 강자로 떠올랐다. 그렇다면 OTT 드라마의 서사 전략은 기존의 드라마와 다를 수밖에 없다.

익히 알고 있듯이 드라마는 연극에서 출발했다. 그리고 사진 기술이 발달하면서 드라마는 영화로 거듭났고, 텔레비전 기술이 발달하면서 TV 드라마로 재탄생했다. 그런데 TV 드라마는 내용적인 측면에서 연극과 가깝고, 형식적인 측면에서 영화와 가깝다. 이는 TV 드라마가 연극과 영화의 특성을 가져와 만들어졌다는 것을 의미한다. 하지만 TV 드라마와 영화는 매체 특성에 따른 차이점이 있다. 이를 자세히 언급하면 다음과 같다. 첫째, 수용 방식의 차이점이다. 영화는 극장 관람을 통해 '강제적 몰입'이 가능하지만, TV 드라마는 일상적 공간에서 소비되기 때문에 강제적 몰입이 불가능하다. 둘째, 제작 방식의 차이점이다. 영화는 단막으로 제작되고, TV 드라마는 대부분 연속극 형태로 제작된다. 그에 따라 영화와 TV 드라마는 서사 전개의 속도가 다르다. TV 드라마는 연속극으로 제작되기 때문에 단막인 영화보다 서사 전개의 속도가 느리다. 셋째, 소재와 주제에 따른 차이점이다. 영화는 소재와 주제의 제한이 없지만, TV 드라마는 대중적이며 일상적인 소재와 주제를 선택한다. 넷째, 영상미의 차이점이다. 영상기술의 발달로 그 간극이 좁아졌지만, TV 드라마와 영화는 화면의 크기에 따른 영상미의 차이가 있다. 중요한 것은 이러한 차이점들로 인해 영화와 TV 드라마가 각기 다른 서사 전략을 갖는다는 점이다. 이는 '이야기하기'라는 드라마의 본질은 유지되지만, 매체의 속성에 따라 드라마의 형식과 내용이 달라진다는 것을 뜻한다.

재매개 이론을 정립한 볼터와 그루신(Bolter & Grusin)에 의하면 모든 미디어는 상호보완적 관계다. 그리고 새로운 미디어는 기존의 미디어를, 기존의 미디어는 새로운 미디어를 차용하여 발전한다. 이는 영화보다 나중에 탄생한 TV 드라마가 영화의 스토리텔링 요소와 테크닉을 빌려 그 형식을 갖춘 것으로 설명된다. 이를 '재목적화'라고 한다. 올드미디어도 뉴미디어를 차용하여 새롭게 탄생한다. 이는 라디오가 텔레비전 형식을 차용하여 인터넷으로 '보이는 라디오'를 전송하거나 텔레비전 예능 프로그램이 인터넷 방송 포맷을 차용하여 방송하는 것으로 설명된다. 이를 '퇴행적 재매개'라고 한다. 이러한 재매개 이론에 따르면, OTT 드라마는 기존 미디어의 드라마 형식을 차용하여 그 서사 전략을 구축했다. 그렇다면, OTT 서비스에서 제공되는 드라마 〈킹덤〉의 서사 전략은 어떠할까?

드라마 〈킹덤〉 시즌 1(이하 킹덤)은 OTT 서비스의 대표주자인 넷플릭스가 제작 지원한 한국 최초의 OTT 드라마다. 필자가 〈킹덤〉

에 주목하는 이유는 넷플릭스가 〈킹덤〉 출시로 한국 가입자 확보에 성공했기 때문이다. 와이즈앱에 따르면 2018년 9월 90만 명에 불과했던 한국 넷플릭스 웹과 안드로이드 이용자는 〈킹덤〉이 일괄 출시된 1월 25일 이후 "2109년 2월 말에 최고치인 240만 1,889명까지"[2] 상승했다. 이는 〈킹덤〉의 서사 전략이 새로운 플랫폼 OTT 서비스에 적합했다는 것을 의미한다. 넷플릭스는 〈킹덤〉을 출시한 이후 〈첫사랑은 처음이라서〉(김민서 극본, 오진석 연출, 2019년 4월 18일 출시)와 〈좋아하면 울리는〉(이아연·서보라 극본, 이나영 연출, 2019년 8월 22일 출시)의 제작을 지원했다. 하지만 이 두 작품은 큰 반향을 일으키지 못했다. 이를 통해 〈킹덤〉의 서사 전략이 대중성 획득에 유효했으며 OTT 서비스에 적합했다는 것을 알 수 있다. 일반적으로 미디어를 통해 제공되는 드라마는 대중성 획득을 위한 전략을 매우 중요하게 여긴다. 이는 미디어의 운영이 상업성을 전제로 하기 때문이다.

## 재매개로 탄생하는 드라마

재매개(remediation) 이론은 나중에 출현한 미디어가 기존에 있는 미디어의 형식과 내용을 차용해 개선(improve)하거나 개조(remedy)하여 자신의 정체성을 갖는 것을 말한다. 이들에 따르면 재매개는 재현(representation), 확장(fidelity), 개조(refashion), 흡수(absorb)의 네 가지로 구분된다. 재현은 사진 같은 올드미디어가 디지털 뉴미디어에서 그대로 보이는 것을 말하며, 확장은 기존 미디어를 충실하게 반영하면서 새로운 기능이 첨가된 뉴미디어의 매개를 말한다. 또 개조는 미디어가 다른 미디어의 형식을 빌려와 사용하는 것을 의미하고, 흡수는 뉴미디어가 올드미디어를 완전히 흡수하여 재매개하는 것을 말한다. 이러한 재매개화 관행을 통해 미디어는 재목적화를 이루는 것이다. 바로 OSMU(One Source Multi Use)가 그러하다.

재매개는 세 가지 개념으로 논의된다. 첫째, 재매개는 매개의 매개다. 이는 미디어가 끊임없이 서로를 평가하고 재생산하며 대체되는 것을 말한다. 둘째, 재매개는 매개와 실재를 분리하는 것이 불가능하다. 이는 모든 미디어가 실재적인 것을 재매개한다는 것을 의미한다. 셋째, 재매개는 개혁이다. 이는 기존 미디어가 실현하지 못한 것을 새로운 뉴미디어가 실현하기 때문이다. 이러한 재매개 현상은 디지털 기반의 뉴미디어에서 더욱 뚜렷하게 나타난다. 그리고 재매개는 비매개와 하이퍼매개의 이중 논리로 작동한다. 영화나 TV 드라마 등은 다양한 미디어를 사용하지만, 몰입을 통해 미디어 그 자체를 잊기 때문이다. 따라서 비매개는 투명성과 관계되어 리얼리즘과 연계된다. 반면, 하이퍼매개는 미디어 이용자가 미디어의 존재를 알 수 있는 것을 말한다. 하이퍼매개의 관행을 잘 보여주는 것은 컴퓨터의 윈도우다.

진화적 차원에서 TV 드라마를 고찰하자면, TV 드라마는 매개의 역사다. 한국 TV 드라마는 탄생부터 그 형식적인 면에서 연극을 재매개했고, 내용적인 면에서 고전소설을 차용했기 때문이다. 한국 TV 드라마의 본격적인 재매개는 TV 드라마의 상업성에 대한 비판에서 시작되었다. 지상파 방송국은 TV 드라마의 상업성을 억제하고 예술성을 높이고자 소설을 매개한 것인데, KBS 〈TV문학관〉과 MBC 드라마 〈베스트극장〉이 대표적이다. 그러나 1990년 11월 민영방송 SBS가 탄생하고 1995년 3월 케이블 TV가 문을 여는 등 다매체 시대가 도래하자 TV 드라마는 대중성을 획득하기 위한 방법으로 만화와 웹툰을 매개했다. 이문행의 연구에 의하면 "2006년에서 2009년까지 드라마와 소설 등의 스토리 이동 사례가 많았고, 2011년부터 웹툰의 스토리 차용이 많았으며, 2012년 연간 스토리 이동이 급증했다. 이때 웹툰의 차용이 49.6%(36편)로 가장 많았다."[3] 이는 웹툰을 재매개한 TV 드라마의 성공이 많았다는 것을 의미한다.

앞서 서술한 것처럼 재매개 현상은 뉴미디어에서 더욱 활발하게 이루어진다. OTT 드라마는 뉴미디어의 강자다. OTT 드라마의 올드미디어는 연속적인 측면에서 TV 드라마다. 그렇다면 OTT 드라마는 기존 TV 드라마의 특성을 적극적으로 반영하여 자신의 정체성을 형성했을 것이다.

## TV 드라마의 특성: 분산집중 몰입성, 연속성, 일상성

TV 드라마는 연극과 영화를 재매개하여 탄생하고 발전했다. 초창기 한국 TV 드라마는 녹화기술이 발달하지 않은 탓에 연극을 그대로 생중계하는 수준이었다. 지금의 TV 드라마 형태가 갖추어진 것은 녹화방송이 시작된 이후다. 하지만 "스튜디오(studio) 제작이라는 좁은 스튜디오 공간을 탈피할 수 없었기 때문에 TV 드라마는 연극과 영화의 중간 지점에서 어정쩡한 상태"[4]로 제작되었다. 이후 컬러TV가 등장하면서 TV 드라마는 영상미를 끌어올리고자 했다. 당시 TV 드라마는 오락적인 측면에서 평가되었고, 상업성에 대한 거센 비판을 받았다. KBS가 1980년 12월 〈TV문학관〉을 신설한 것은 TV 드라마의 상업성을 지양하고 문학적인 면을 끌어올리기 위함이었다.

스튜디오에서 이루어지던 드라마 촬영이 야외에서 본격적으로 이루어지기 시작한 것은 1991년 7월 MBC 〈베스트극장〉이 탄생하면서였다. 이때 "TV 드라마의 이상적(理想的) 형태를 영화에서 구하려는 풍토가 싹트게 되었다."[5] 하지만 TV 드라마는 영화의 영상미를 추구하기보다 등장인물의 행동에 초점을 맞추고, 대사를 통해 등장인물의 내면 심리를 전달하며 이야기를 전개하는 전략을 취했다. TV의 작은 화면으로는 영화적인 영상을 전달할 수 없었기 때문이다. 이는 TV 드라마가 클로즈업 숏(close up shot)을 자주 사용하는 이유다. 따라서 TV 드라마의 "클로즈업 숏은 상대적으로 낮은 해상도와 작은 화면의 한계를 극복하기 위한 방법으로도 간주된다."[6] 그러다가 2000년대 초반, HD 기술이 발달하고 고화질의 영상 제작이 가능하게 되면서 TV 드라마는 영화의 영상기법을 적극 차용할 수 있게 되었다. 이에 TV 드라마는 형식적인 면에서 영화를, 내용적인 면에서 연극을 매개함으로써 오늘날의 형태를 가지게 된 것이다. 결국, TV 드라마의 특성을 좌우하는 것은 텔레비전 매체의 특징이다.

TV 드라마는 가정에 있는 텔레비전 매체를 통해 전달된다. 이러한 환경은 분산집중 몰입성, 연속성, 일상성 등으로 요약되는 TV 드라마의 특성을 만들었다. 분산집중 몰입성은 TV 드라마가 가정에 있는 텔레비전을 통해 전달되기 때문에 몰입의 강제성이 없다는 점에서 기인한다. 연극이나 영화는 극장 관람을 전제하기 때문에 환경 측면에서 '강제적인 몰입'의 성격을 갖는다. 이는 TV 드라마가 영화나 연극보다 몰입성이 좋아야 한다는 것을 뜻한다. TV 드라마가 시작 5분의 중요성을 강조하며 흥미 유발과 스토리 전개에 강한 기대감을 불러일으키는 것은 몰입의 중요성 때문이다. 하지만 TV 드라마는 강제적 몰입이 불가능한 장소에서 소비되기 때문에 그에 적절한 전략이 구축되어야 한다. TV 드라마의 "분산집중 몰입성"[7]은 그에 따름이다. 이는 서사의 정보를 반복적으로 노출하고 강약의 위기를 적절히 조절함으로써 수용자의 몰입을 유도하기 위함이다. 다시 말하면 TV 드라마의 몰입성은 수용자의 유지와 확보를 위한 전략이다. 이때 주목할 것은 몰입성을 위해 TV 드라마가 또 다른 전략을 추구한다는 점이다. 바로 드라마의 연속성이다.

TV 드라마는 대부분 연속극 형태로 제작된다. 이에 따라 TV 드라마는 서사의 연속성을 확보해야 하는 필연성을 가진다. 중요한 것은 수용자의 관심을 유지해야 한다는 점이다. 따라서 TV 드라마는 "매회 서사를 종결시키지 않고 확장하며, 갈등을 고조시키고, 극적인 에피소드 삽입을 통해 기대감을 충족시키는 전략"[8]을 사용한다. 최근 지상파는 드라마의 중간광고 도입으로 30분물 2편을 연속적으로 방송하는데, 수용자를 유지하기 위한 전략으로 드라마의 위기를 더 자주 연출한다.

그리고 일상성은 TV 드라마가 일상의 재현에 뛰어나다는 점에 있다. 이는 TV 드라마가 관습화된 서사구조와 지배적 담론을 따르는 것에서 기인한다. 따라서 TV 드라마의 소재와 주제는 일상성을 지닌다. TV 드라마가 잔인한 폭력 장면이나 선정적인 장면의 수위를 제한하는 것도 텔레비전이 누구나 접할 수 있는 일상적인 매체이기 때문이다. 이에 따라 "텔레비전 드라마의 미학은 현실 세계라는 일상성의 기반 위에서 성립"[9]한다. 여기에서 중요한 것은 이러한 특성이 TV 드라마의 정체성으로 연결된다는 점이다. 정리하면, TV 드라마의 제작이 수용자의 몰입 방식과 연속극으로 제작하기 위해 서사의 연속성 그리고 TV 드라마의 일상성에 기초하여 이루어진다는 것이다.

다른 한편으로, 디지털 기술의 발전은 TV 드라마의 양식과 제작하는 방식에 변화를 가져왔다. "기술의 발달은 콘텐츠 장르나 포맷의 변화를 발생시키는 핵심 필요조건이며, 밀접한 상호작용 관계"[10]를 가지기 때문이다. 이를 증명하듯이 OTT 드라마가 탄생했다. OTT 드라마는 인터넷 스트리밍을 기반으로 한다. 그런데 디지털 미디어의 수용자 환경은 텔레비전보다 더욱 산만하다. OTT 서비스를 이용할 수 있는 컴퓨터 윈도우와 모바일은 다중 이용이 가능하기 때문이다. 따라서 OTT 드라마는 인터넷 스트리밍과 산만한 미디어의 수용환경을 극복해야 하는 필요조건을 가진다. 그렇다면, OTT 드라마는 그에 따른 서사 전략을 가져야 할 것이다. 이를 OTT 드라마 〈킹덤〉을 통해 확인해본다.

## OTT 드라마 〈킹덤〉의 서사 전략

### 추리 서사의 서스펜스 극대화를 통한 몰입성

OTT 드라마 〈킹덤〉의 가장 주효한 서사 전략은 추리 서사 서스펜스의 극대화다. 우선, 드라마 〈킹덤〉의 인물 설정과 관계를 살펴보자. 드라마 〈킹덤〉의 주요 인물은 세자 창을 중심으로 좌익위 무영과 의녀 서비, 착호군 출신의 영신 그리고 세자 창의 스승인 안현대감, 영의정 조학주와 중전 계비 등이다. 세자 이창은 선인으로 등장하고, 의녀 서비는 조력자로 등장하고, 좌익위 무영은 세자 이창의 협력자로 등장하고, 안현대감은 영웅의 스승으로 등장한다. 그리고 영의정 조학주는 영웅에 맞서는 적대자로 등장하며, 계비는 조학주의 협력자인 동시에 적대자로 등장한다. 이처럼 〈킹덤〉의 주요 등장인물은 선악의 이항대립을 이루는데, 이러한 등장인물의 이분법적 구분은 서사에서 선을 따르고 악을 배제하도록 한다. 이는 영웅 서사 구조의 인물 설정이다. [그림 1]은 드라마 〈킹덤〉의 주요 인물관계도다.

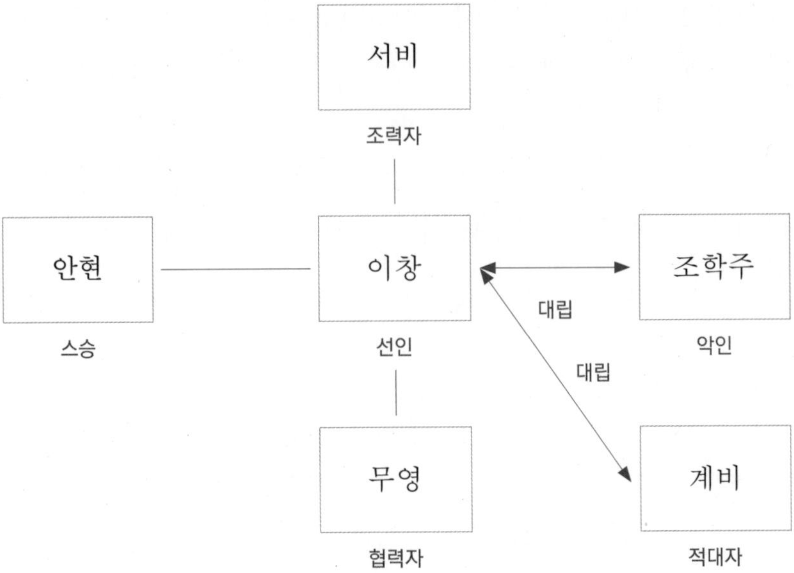


[그림 1] 〈킹덤〉의 주요 인물관계도

〈킹덤〉의 등장인물 설정은 세자 이창을 제외하고 평면적이다. 세자 이창은 권력이 제대로 작동하지 않는 것에 대해 갈등한다는 점에서 다면적 인물이다. 그리고 영의정 조학주와 의녀 서비 그리고 영신 등 〈킹덤〉의 주요 등장인물은 평면적이다. 평면적인 인물은 서사가 종결될 때까지 성격의 일관성을 보인다. 따라서 서술자로서의 작가는 암시적 묵시보다 명시적 묵시에 치중하여 서사를 전개한다.

〈킹덤〉의 주요 서사는 세자 이창이 반역자로 몰린 가운데 괴물로 변한 왕의 문제를 해결하고자 여정을 떠나는 것에서 출발한다. 이는 〈킹덤〉이 추리 서사에 기반하고 있다는 것을 뜻한다. "보통 범죄가 발생한 후 탐정이 이를 해결하고 마지막에 가서야 범인이 밝혀지는 것이 추리 서사의 기본적 구조"[11]다. 드라마 〈킹덤〉은 미스터리를 해결하려는 과정, 즉 좀비 출몰의 원인을 추적하는 과정에 서사가 집중되어 있다. 드라마 〈킹덤〉의 추리 서사 차용은 시즌제 제작을 염두에 두어야 하는 데 있다. 보통 시리얼 형태로 제작되는 미국 드라마는 "서사를 지연시키기 위해 서사 전개 방식에서 서사를 최종적으로 완결시키는 결정적 사건의 해결을 위한 다양한 문제해결 과정을 거치도록 구성되어 있다."[12] 따라서 〈킹덤〉의 서사가 좀비 출몰의 원인을 찾는 추적 과정에 집중된 것은 서사를 확장하기 위한 것이며, 동시에 서스펜스를 유지하고 극대화하기 위함이다. 이는 궁극적으로 몰입성을 끌어올리기 위한 전략이기도 하다.

또 드라마 〈킹덤〉의 플롯 구조는 등장인물의 행동에 개연성을 부여한다는 점에서 전통적이다. 〈킹덤〉의 이야기-시간은 현재에서 진행된다. 서술자로서의 작가는 아주 가끔 과거 회상을 통해 드라마의 시간을 통제한다. 이는 수용자가 드라마의 사건에 관심을 집중하도록 하기 위함이다. 〈킹덤〉의 이야기 전개 과정에서 중심 서사는 왕의 변고 원인을 파헤치고자 하는 세자 이창의 여정임과 동시에 좀비와의 사투다. 좀비와의 사투는 조학주와의 사투인 동시에 제대로 작동하지 않는 권력과의 사투, 즉 무너져 내린 국가를 일으키기 위한 처절한 사투이기도 하다. 그리고 주변 서사는 권력을 움켜쥐고자 하는 조학주의 계략, 아들을 낳기 위한 계비의 악행, 생사초를 찾아 역병을 치료하고자 하는 서비, 미스터리를 간직한 착호군 영신의 이야기 등이다. 이러한 중심 서사와 주변 서사는 그 배열이 촘촘하여 극의 서스펜스와 스릴을 극대화하는 데 기여한다.

주목할 것은 드라마 〈킹덤〉은 해가 지면 출몰하는 좀비와 조학주의 추격이라는 이중적인 긴장감을 통해 서스펜스를 최대치로 끌어올린다는 점이다. 보통 스릴러 장르는 괴물 같은 존재가 등장하여 극적 긴장감을 조성한다. 그런데 스릴러 장르의 수용자 몰입성을 극대화하는 것은 서사 구조에 있다. 이는 수용자가 서사의 해독에 적극적으로 임해야 하기 때문이다. 이를 통해 수용자의 몰입성이 극대화되는 것이다. 하지만 OTT 서비스는 다중 이용이 가능한 모바일이나 컴퓨터 화면 윈도우를 통해 제공되기 때문에 이용자의 콘텐츠 몰입도가 떨어질 수 있다. 이에 OTT 드라마는 TV 드라마보다 몰입성을 극대화하는 전략이 요구된다. 따라서 드라마 〈킹덤〉이 추리 서사를 차용하고 서스펜스와 스릴을 극대화한 것은 수용자의 몰입을 끌어올리기 위한 전략이다.

드라마 〈킹덤〉의 서스펜스와 스릴 극대화는 서사의 시간에도 있다. "서사는 보여주는 것뿐만 아니라 어떠한 사건을 자세히 묘사하거나 혹은 중요한 것을 추려서 요약하기도 하는데, 묘사하려면 시간을 천천히 진행시켜야 하고 반대로 중요한 것을 부각시키려면 불필요한 것을 제거해야 한다."[13] 이렇게 시간 차이는 서사의 기능을 위해 필연적이다. 이는 담화와 관련된다.

채트먼은 이야기의 지속시간과 담화의 지속시간을 요약, 생략, 장면, 연장, 휴지의 다섯 가지로 나눈다. 요약은 담화-시간이 이야기-시간보다 짧은 것이며, 생략은 담화-시간으로 이야기의 시간이 이어지지만 담화가 정지된 것을 말한다. 그리고 장면은 담화-시간이 이야기-시간과 동일한 것이며, 연장은 담화-시간이 이야기-시간보다 긴 것이다. 또한 휴지는 이야기-시간이 0이며 담화가 계속되지만 이야기-시간이 정지된 것을 말한다. 이 다섯 가지 기법을 통해 드라마의 시간이 정해지는데, 담화-시간이 길어지면 이야기의 지속시간이 연장된다.

드라마 〈킹덤〉에서는 매회 좀비가 출몰하여 긴장감을 고조시킨다. 그런데 좀비가 출몰하여 인육을 먹는 장면이 길고 자세하게 묘사된다. 이때 〈킹덤〉의 이야기-시간은 멈추고 담화-시간이 지속된다. 이는 〈킹덤〉의 서사에 좀비가 매우 중요한 지점을 차지한다는 것을 의미한다. 더불어 담화-시간의 연장은 서사의 시간을 단축하는 효과를 가져온다. 담화 시간의 연장은 TV 드라마보다 영화에서 자주 쓰이는데, 영상미를 강조하기 위함이다. 영화는 "대사보다 설명하는 그림, 즉 영상 언어로 표현하는 특성"[14]을 가진다. 이를 통해 드라마 〈킹덤〉이 영화 영상기법을 차용해 서스펜스를 극대화했음을 확인하게 된다.

또한 서술자로서의 작가는 서스펜스와 스릴을 극대화하기 위한 장치로 보이스오버와 배경음악 그리고 음향효과도 사용한다. 〈킹덤〉에서 보이스오버는 자기 아들을 죽인 세자 이창에 대한 조학주의 복수 결의와 세자 이창을 포획하기 위해 조학주가 관군을 급파할 때 사용되었다. 이에 따라 드라마의 위기가 조성되었다. 또 배경음악과 음향효과도 서스펜스와 스릴 조성과 극대화를 위해 적극적으로 사용되었다. "음악과 음향 효과는 인물의 심리 표현과 장면의 효과적인 분위기를 전달하는 데 이용된다."[15]

한편, 〈킹덤〉은 희극성을 추가함으로써 드라마에 대한 몰입을 지양한다. 이는 세자 이창과 무영의 관계, 범팔과 서비의 관계를 통해 이루어진다. 이를 통해 드라마는 몰입에 의한 피로도를 줄인다. 지속적인 몰입 과잉은 오히려 수용자의 몰입 효과를 떨어뜨리기 때문이다. 다른 한편으로, 흔히 연속극 형태로 제작되는 TV 드라마는 시청률을 확보하기 위한 전략으로 일명 '낭떠러지 기법'을 사용한다. 낭떠러지 기법은 매회 드라마의 갈등을 극으로 치닫게 하고, 위기를 고조시킨 상태에서 막을 내리는 것을 말한다. 이는 수용자의 궁금증을 증폭시킴으로써 수용자 유지와 시청률 확보에 기여한다. 그런데 드라마 〈킹덤〉은 낭떠러지 기법을 거의 사용하지 않는다. 〈킹덤〉에서 낭떠러지 기법이 사용된 것은 마지막 6화다. 6화는 좀비의 취약성이 빛이 아닌 온도라는 사실을 노출한 상태에서 막을 내림으로써 서사의 전개를 예측할 수 없도록 했다. 이는 〈킹덤〉 시즌 2의 수용자 확보를 위한 전략이다. 〈킹덤〉 시즌 2는 〈킹덤〉 시즌 1의 출시 1년 2개월 만인 2020년 3월 13일 출시되었다.

## 배경 확장을 통한 서사의 연속성 확보

드라마 〈킹덤〉은 서사가 전개되면서 서사의 배경이 궁궐, 동래, 상주로 확장된다. 〈킹덤〉의 시즌 1을 3막의 기승전(起承轉) 구조로 나누면, 기(起)는 궁궐, 승(承)은 동래, 전(轉)은 상주를 서사 배경으로 삼는다. 이렇듯 〈킹덤〉 서사의 주요 전개는 장소의 이동을 통해 진행되면서 확장되고 있다. 보통 공간을 중심으로 서사가 확장되는 드라마는 "공간은 인물 행위와 밀접한 관련을 가지며, 인물이 서사적 '비밀'을 밝히는 데 공간이 매개가 되어 서사 전개에 결정적 역할을 한다."[16] 또한 공간의 특수성은 인물의 행위와 심층적인 의미를 끌어내는 역할을 한다. 〈표 1〉은 〈킹덤〉의 시퀀스를 3막으로 나눈 것이다.

원래 궁궐은 세자 이창의 안전이 확보되어야 하는 곳이다. 하지만 왕의 부재로 세자의 안전이 위협받는 특수한 상황이 제공됨에 따라 궁궐은 세자 이창의 '탈주'와 '귀환'이라는 심층적인 사건을 예고한다. 또한 상주(지율헌)는 아픈 백성을 치료하는 공간이지만, 오히려 역병이 창궐하게 되는 원인을 제공하는 장소로 이용된다. 그러나 상

〈표 1〉 OTT 드라마 〈킹덤〉 시즌 1 시퀀스

| | 시퀀스 | 서사 배경 |
|---|---|---|
| 기 | (1막)<br>1화 | 한양(궁궐) |
| 승 | (2막)<br>2화, 3화, 4화 | 동래(지율헌) |
| 전 | (3막)<br>5화, 6화 | 상주(안현 집) |

주는 좀비를 물리치는 세자 이창의 영웅적인 사건이 목격되는 공간이기도 하다. 그리고 상주(안현 집)는 백성을 구할 수 있는 마지막 안식처인 동시에 새로운 위기가 초래되는 곳으로 등장한다. 따라서 〈킹덤〉 1막의 주요 공간인 한양(궁궐)은 세자 이창이 왕의 변고를 파헤쳐야 하는 결정적 요인을 제공하는 곳이며, 2막의 주요 공간인 동래(지율헌)는 위기에 빠진 조선을 대변하는 동시에 좀비가 등장하는 장소로 세자 이창의 역할을 선명하게 보여주는 공간이다. 또 3막의 주요 공간 상주(안현 집)는 역병의 비밀이 파헤쳐지는 장소인 동시에 세자 이창에게 새로운 소명이 주어지는 곳이다. 이에 따라 〈킹덤〉은 공간의 이동을 통해 서사를 전개하면서 조학주를 역병을 만들어낸 원흉으로 지목한다. 이를 통해 서술자로서의 작가는 권력이 작동할 곳에서 작동하지 않으면 '악'이 된다는 것을 말하고 있다. 궁극적으로 세자 이창의 여정은 '선'을 회복하기 위한 과정으로 그려진다.

더불어 〈킹덤〉에서는 세자 이창이 옮겨가는 서사 배경에 따라 새로운 인물이 등장한다. 세자 이창이 왕의 변고를 파헤치기 위해 이동한 동래에서는 서비와 영신, 범팔 등이 등장하고, 상주에서는 창의 스승인 안현대감이 등장한다. 주지하듯이 드라마는 인물을 통해 사건을 생산한다. 따라서 새로운 인물은 서사의 전개와 함께 새로운 사건이 전개될 것을 암시한다. 그에 따라 드라마 〈킹덤〉의 새로운 인물은 서사를 확장하는 역할을 한다. 세자 이창이 이동한 동래에서 착호군 영신은 좀비를 출현하도록 했으며, 의녀 서비는 역병의 원인이 생사초에 있음을 보여주는 등 호기심이 증폭되는 단서를 제공한다. 이러한 단서들은 〈킹덤〉 시즌 2로 이어지며 서사의 연속성을 확보한다. 이를 통해 〈킹덤〉의 이야기 공간은 "사건들을 수행하거나, 혹은 사건에 의해 영향을 받는 실재물(entites)"[17]로 존재한다는 것을 알 수 있다.

또 〈킹덤〉의 서사 확장이 자연스러운 것은 추리 서사의 차용에 있다. 문제해결을 위해 드라마의 서사 공간이 이동하고, 이동된 서사 공간에서 새로운 인물이 등장하기 때문이다. 추리 서사는 문제에 대한 탐색이라는 인간의 본원적인 욕망을 서사학적 차원에서 수용하여 다른 서사체들에 비해 월등한 가독성을 지니고, 이 가독성은 대중의 흡입력을 확보하기 위한 서사 전략으로 이용되는데, 이 활용이 가장 두드러지게 나타나는 것이 영화다.[18] 따라서 〈킹덤〉의 이야기 공간, 즉 배경의 이동은 서사의 확장과 수용자 유지를 위한 전략이다.

## 담화를 통한 탈일상성

드라마 〈킹덤〉은 일상성에서 벗어났다는 점에서 TV 드라마와 차별성을 가진다. 〈킹덤〉이 TV 드라마의 일상성에서 벗어난 것은 우선 소재적인 측면에서 논할 수 있다. 〈킹덤〉의 서사는 '좀비'라는 소재를 통해 전개된다. 사실 좀비는 얼마 전까지만 해도 한국 TV 드라마의 소재가 아니었다. 한국에서 최초로 좀비가 등장한 것은 지난 1981년 개봉한 영화 〈괴시〉다. 하지만 흥행하지 못하여 좀비의 개념조차 대중에게 알려지지 않았고, 2006년 개봉한 영화 〈어느 날 갑자기〉에서도 좀비가 소비되었지만 역시 흥행에 실패함으로써 대중에게 좀비의 개념이 알려지지 않았다. 물론 '좀비' 마니아들은 예외다. 그러다가 2016년 개봉한 영화 〈부산행〉이 흥행하면서 좀비가 다양한 콘텐츠에서 소비되기 시작했는데, 서구에서는 좀비가 다양한 콘텐츠에서 차용되고 있었다.[19] 좀비의 기원을 따라가 보면, 미국의 식민지였던 서인도제도 아이티의 민간신앙인 부두교 의식과 관련이 깊다. 좀비가 이목을 끌게 된 것은 1929년 윌리엄 시브룩(Williams Seabrook)의 저서 『더 매직 아일랜드(The magic Island)』가 출판되면서였다. 이후 1932년 빅터 핼퍼린 감독에 의해 최초의 좀비 영화 〈화이트 좀비(White Zombie)〉가 탄생하고, 1968년 조지 로메로 감독이 영화 〈살아있는 시체들의 밤(Night of the Living Dead)〉을 내놓으면서 좀비 영화 장르가 만들어졌다. 그리고 21세기에 접어들면서 좀비는 다양한 콘텐츠의 인기 소재가 되었다.

드라마 〈킹덤〉을 집필한 김은희 작가는 일찍이 좀비 소재를 다루고 싶었지만, 드라마 관계자들의 반응이 없었다고 했다.[20] 이는 한국의 방송이 보수적임을 증명한다. 그러한 좀비가 드라마의 소재가 될 수 있었던 것은 드라마 〈킹덤〉이 제공되는 플랫폼이 OTT 서비스인 넷플릭스였기 때문이다. 여기에서 주목할 것은 드라마 〈킹덤〉이 한국 드라마에서 한 번도 등장하지 않았던 좀비를 등장시킴으로써 관습적인 서사에서 변주를 보여주었다는 점이다. 관습적인 서사의 변주는 드라마를 낯설게 하는 역할을 한다.

'낯설게 하기'는 러시아의 형식주의자 쉬클롭스키(Victoe Shklovsky)가 정립한 것인데, 간단하게 말해서 익숙해진 것을 익숙하지 않게 하는 기법이다. 쉬클롭스키는 '낯설게 하기' 기법이 예술에 대한 인지 속도를 늦추는 것이라고 했다. 그는 예술의 목적이 인지 과정 자체에 있는데, 일상적이거나 관습적 표현 등은 깨달음이나 새로운 것에 대한 발견을 어렵게 하기 때문에 '낯설게 하기'가 필요하다고 주장한다. 또한 '낯설게 하기'는 브레히트 서사극의 핵심이기도 하다. 연출가이자 극작가인 브레히트도 '낯설게 하기' 전략을 통해 익숙한 일상적인 것들을 다시 보게끔 했다. "브레히트 서사극의 목적은 연극의 사회적 기능을 강조하여 관객 스스로 현실 사회를 비판적으로 바라보는 태도를 갖게 함으로써 사회 변혁의 필요성을 느끼게 되고 또 실천하게 하는 사회 계몽적 수단, 즉 교훈적 도구로서 연극이 기능"[21]하는 데 있다. 브레히트의 '낯설게 하기'는 TV 드라마와 영화에서 더 다양하게 사용되는데, OTT 드라마 〈킹덤〉은 좀비를 통해 '낯설게 하기'를 시도하고 있다. 이는 서사를 통해 확인된다.

드라마 〈킹덤〉에서 좀비가 출몰한 것은 조학주의 계략에서 근원한다. 조학주는 자신의 권력을 유지하려고 왕의 죽음을 숨기기 위해 죽은 왕에게 생사초를 투여해 괴물을 만들었다. 괴물이 된 왕은 단이를 물어 죽였는데, 그런 단이의 시신을 착호군 영신이 지율헌의 굶주린 병자들에게 노루고기라고 속여서 먹인다. 물론 영신의 거짓말은 병자들을 살리기 위한 것이었지만, 인육을 먹은 병자들은 좀비가 된다. 그러한 상황에서 세자 이창은 왕의 변고 원인을 찾기 위해 여정을 떠나고, 좀비로부터 백성을 보호하는 위치로 거듭난다. 이러한 〈킹덤〉의 서사는 좀비의 출몰 원인이 비정상적인 권력의 탐욕에 있음을 보여준다. 따라서 서술자로서의 작가가 '낯설게 하기'를 통해 탐욕으로 가득 찬 정치세력을 고발하고 있다는 것을 알 수 있다. 〈킹덤〉을 집필한 김은희 작가는 좀비를 통해 정치 이야기를 하고자 했다.[22] 김은희 작가는 드라마 〈싸인〉(2011), 〈유령〉(2012), 〈시그널〉(2016) 등 추리극을 통해 그 능력을 인정받았으며 작품을 통해 부적절한 권력, 국가의 안전망 부재 등을 고발한 바 있다.

또한 드라마 〈킹덤〉이 일상성에서 벗어난 것은 폭력성과 선정성에서 자유롭다는 점에 있다. 익히 알고 있듯이 TV 드라마는 일상적인 매체를 통해 제공되는 가장 대중적인 영상 서사물이다. 따라서 TV 드라마는 도덕적이고 윤리적인 면에서 책임을 져야 한다. 이에 TV 드라마는 폭력성이나 선정성에서 자유로울 수 없는 숙명을 가진다. 그런데 드라마 〈킹덤〉은 폭력적이고 잔인한 장면이 자주 재현된다. 이는 〈킹덤〉이 넷플릭스라는 OTT 서비스를 통해 제공되기 때문이다. 넷플릭스는 연령에 따라 콘텐츠를 제공한다.* 드라마 〈킹덤〉 외에도 넷플릭스에서 K-드라마의 저력을 보여준 〈오징어 게임〉 그리고 그 뒤를 이은 〈지옥〉에서도 탈일상성의 특징이 나타난다.

또 드라마 〈킹덤〉이 TV 드라마의 일상성에서 벗어나는 것은 영상 미학적인 측면에도 있다. TV 드라마는 등장인물의 내면에 집중하기 위해 정지된 그림이 지속되어야 할 필요성을 가진다. 그러한 이유로 "텔레비전 드라마에서는 운동이미지가 잘 드러나지 않는다. 장면의 변화는 있어도 한 장면 내 운동이미지가 없다. TV 드라마 서사 진행을 느리게 받아들이는 이유는 바로 이러한 운동이미지의 결여에 따라 시청자가 시간 경과를 느끼기 어렵기 때문이다."[23] TV 드라마에서 플래시백을 통해 과거를 회상하는 장면이 자주 등장하는 것도 시간

* 그런데 넷플릭스는 '청소년 보호책임자 지정의무 대상자' 선정에서 제외되었다. 현행 「정보통신망법」에 따라 일정 요건을 충족하는 정보통신사업자는 유해정보로부터 청소년을 보호하기 위한 '청소년 보호책임자'를 지정해야 한다. 하지만 한국방송통신위원회가 '청소년 보호책임자 지정의무 대상자'를 애플리케이션이 아닌 웹사이트 접속자만을 기준으로 삼는 바람에 한국의 청소년은 넷플릭스의 19금 콘텐츠 접근이 가능하다.

의 경과 파악이 어렵기 때문이다. 그런데 〈킹덤〉은 과거 회상 장면을 위한 플래시백을 자주 사용하지 않는다. 그 대신 몽타주(Montage)와 익스트림 클로즈업(Extreme Close up), 익스트림 롱샷(Extreme Long Shot) 등 영상미를 극대화하는 영화 영상기법을 사용한다. 이를 통해 드라마 〈킹덤〉이 TV 드라마와 달리 영화처럼 영상에 집중하고 있다는 것을 알 수 있다. 드라마 〈킹덤〉의 영상을 설명하는 지문은 대본집의 한 페이지를 넘을 만큼 무척이나 길고 자세하다.

더불어 〈킹덤〉의 탈일상성은 기억을 환기시키는 장치를 쓰지 않는 것에서도 나타난다. TV 드라마는 "연속극이라는 특성상 매회 지난 회의 마지막 장면을 다시 보여주기도 하고, 시청자의 기억을 환기시키기 위해 플래시백을 이용하여 서사를 반복해서 보여준다. 또 다음 회의 극적인 상황 등을 예고함으로써 시청자의 호기심을 자극하여 드라마에 대한 연속성을 유지하고자 한다."[24] 그러나 드라마 〈킹덤〉은 시청자의 기억을 환기하는 장치가 없고, 매회 마지막 장면을 환기시키는 전략도 쓰지 않는다. 또한 〈킹덤〉은 정지화면을 엔딩 컷으로 쓰지 않는다. 흔히 연속극 형태로 진행되는 TV 드라마의 엔딩 컷은 다음 회를 유도하기 위한 장치로, 극대화된 클로즈업의 정지된 화면이 이용된다. 하지만 드라마 〈킹덤〉의 1화 엔딩은 화면을 알아볼 수 없을 정도의 빠른 줌인이 이루어지고, 2화 엔딩은 자연스럽게 끝나버려 엔딩을 인지할 기회조차 주지 않는다. 6화를 제외하고 〈킹덤〉 시즌 1의 모든 엔딩이 그러하다. 넷플릭스 오리지널 드라마 〈하우스 오브 카드〉나 드라마 〈지정생존자〉도 마찬가지다. 이는 스트리밍 방식으로 제공되는 OTT 드라마의 몰아보기 방식을 촉진하기 위함이다. 〈지정생존자〉는 한국에서 리메이크되어 tvN에서 〈60일, 지정생존자〉(2019.7.1~2019.8.20, 김태희 극본, 유종선 연출)로 방송되었는데, 정지된 화면을 이용한 클로즈업 엔딩 컷, 수용자의 기억을 환기하기 위한 서사의 반복, 예고 등 기존 텔레비전 드라마의 전략이 사용되었다.

## OTT 매체 특성이 충족된 드라마 〈킹덤〉

TV 드라마는 매체의 성격에 따라 강제적 몰입이 불가능하고 연속극 형태로 제작되며 대중적 장르라는 점에서 분산집중 몰입성과 연속성 그리고 일상성을 특징으로 한다. 이러한 특징에 따라 TV 드라마는 시작 5분의 중요성을 강조하며 강약의 위기 조절을 통해 수용자의 몰입을 유도하는 전략을 따른다. 또한 일상성을 기반으로 한 소재와 주제를 선택하며 담화적인 측면에서 선정성과 폭력성을 지양하는 등 그에 맞는 서사 전략을 추구한다.

반면, 뉴미디어인 OTT 드라마는 다중 이용이 가능한 모바일이나 컴퓨터 윈도우를 통해 제공되기 때문에 TV 드라마보다 몰입성이 더욱 극대화될 필요성이 있다. 그리고 OTT 플랫폼은 연령에 따라 콘텐츠를 제공하기 때문에 TV 드라마와 달리 일상성을 담보하지 않는다. 그러나 OTT 서비스는 콘텐츠의 플랫폼으로 기존 TV 드라마도 제공하기 때문에 탈일상성은 OTT 드라마의 선택적 특성으로 자리한다. 서사의 연속성은 TV 드라마와 OTT 드라마의 공통점이다. OTT 서비스는 드라마를 시리즈나 시리얼 형식으로 한꺼번에 제공하기 때문에 서사의 연속성이 확보되어야 한다. 이에 따라 OTT 드라마 〈킹덤〉의 서사 전략은 극몰입성, 탈일상성, 연속성으로 정리된다.

드라마 〈킹덤〉은 추리 서사를 차용하여 서스펜스를 극대화함으로써 몰입성을 최대치로 끌어올렸고, 서사 배경의 이동과 새로운 인물 출현을 통해 서사의 연속성을 확보했다. 또 담화적인 측면에서 TV 드라마의 일상성을 탈피했다. 이는 '좀비'라는 소재를 통한 폭력적이고 선정적인 재현의 탈일상성이다. 더불어 〈킹덤〉은 서사극적 시청을 위해 플래시백을 이용한 과거 소환과 정지화면의 엔딩 컷을 사용하지 않는 등 관습적인 TV 드라마의 영상기법을 사용하지 않았다. 이를 통해 OTT 드라마 〈킹덤〉의 몰입성과 연속성은 TV 드라마의 몰입성과 연속성을 매개하지만, 탈일상성은 담화적인 측면이 개선 혹은 개조된 것임을 알 수 있다.

한편, 미국 드라마는 수용자를 유지하기 위한 전략으로 다중 플롯을 통해 서사를 확장하고 수용자에게 적극적인 탐색의 즐거움을 제공한다. 그리고 미국 드라마는 시청자의 반응 여부에 따라 후속 드라마의 제작 여부가 결정되기 때문에 시청자의 관심을 적극적으로 유도하기 위한 전략으로 장편소설의 수수께끼 전개 구조를 차용한다.[25] 이러한 특성에 따라 미국 드라마는 네버 엔딩 스토리(Never Ending Story) 구조를 구축하는 것인데, 드라마 〈킹덤〉의 추리 서사 차용도 그에 따른 것이다. 즉, 드라마의 연속성을 확보하고자 함이다. 현재까지 〈킹덤〉은 시즌 1과 시즌 2 그리고 특별전이 넷플릭스에 게시되었다. 그런데 네버 엔딩 스토리는 게임의 구조를 통해서도 얼마든지 가능하다. 이는 세계적인 흥행작으로 자리매김한 드라마 〈오징어 게임〉을 통해 증명되고 있다. OTT 드라마 〈킹덤〉을 통해 매체의 특성에 맞는 콘텐츠의 전략이 매우 중요하다는 것을 새삼 깨닫는다.

한류는 2000년대 초반 드라마로 시작되었다. 그리고 잠시 주춤하는 듯하더니 K-pop을 통해 전 세계로 확산되었고, 다시 드라마를 통해 한류의 저력을 확인하고 있다. 주목할 점은 이 모두가 OTT 서비스를 통해 이루어졌다는 것이다. 어쩌면 OTT 서비스가 존재하지 않았다면 오늘날의 한류는 존재하지 않았을 것이다. 모두가 알고 있듯이 K-pop이 전 세계로 확산된 것은 K-pop의 뮤직비디오가 짧은 길이의 영상콘텐츠를 중심으로 하는 유튜브의 특성에 맞아떨어졌다는 데 있다. 따라서 텔레비전의 특성에 따라 텔레비전 드라마가 제작되었듯이 OTT 드라마는 OTT 서비스 특성에 맞는 전략이 수반되어야 할 것이다.

1 코리 바커, 마이크 비아트로스키, 임종수 역, 『넷플릭스의 시대: 넷플릭스는 어떻게 플랫폼 제국이 되었나?』, 서울: 팬덤북스, 2017, 91쪽 참조.

2 유건식, 『넷플릭소노믹스』, 한울아카데미, 2019, 281쪽.

3 이문행, 「미디어 콘텐츠의 장르 간 영역 이동에 관한 연구: 드라마와 영화, 뮤지컬을 중심으로」, 『한국콘텐츠학회논문지』, 64쪽 참조.

4 최상식, 『TV 드라마 작법』, 제삼기획, 2004, 154쪽.

5 최상식, 『TV 드라마 작법』, 제삼기획, 154-155쪽.

6 전경란, 「웹드라마의 스토리텔링 및 영상구성 방식에 대한 연구」, 『인문사회과학』, 부경대 인문사회과학연구소, 2015, 480쪽.

7 정숙, 『방송 콘텐츠 스토리텔링 1』, 서울: 커뮤니케이션북스, 2013, 31쪽.

8 김미라, 「크로스미디어 스토리텔링 사례 연구: 웹툰 〈미생〉의 드라마 〈미생〉으로의 재매개」, 『한국콘텐츠학회논문지』, 한국콘텐츠학회, 2015, 134쪽.

9 양승국, 『일상성 미학에 이르는 길』, 박이정, 2019, 216쪽.

10 노동렬, 「디지털 기술 도입이 TV 콘텐츠에 미친 영향 연구: 드라마와 예능 프로그램을 중심으로」, 『방송문화연구』 23, KBS 공영미디어연구소, 2011, 134쪽.

11 김민영, 『김은희의 추리극에 나타난 기억과 폭력의 양상 연구: TV 드라마 〈싸인〉, 〈유령〉, 〈시그널〉을 중심으로』, 중앙대학교 박사학위논문, 2019, 37쪽.

12 남승희, 「시리얼 드라마의 서사 확장 원리 연구」, 이화여자대학교 석사학위논문, 2009, 21쪽.

13 김무규, 「서사구조의 형성과 관객의 심리 〈오피스〉와 〈아가씨〉의 서프라이즈와 서스펜스」, 『문학과영상』 17(3), 문학과영상학회, 2016, 484쪽.

14 최상식, 『TV 드라마 작법』, 제삼기획, 155쪽.

15 이철우, 「텔레비전 드라마의 표현양식 고찰: TV문학관을 중심으로」, 『한국문학논총』, 한국문학회, 2006, 272쪽.

16 남승희, 「시리얼 드라마의 서사 확장 원리 연구」, 이화여자대학교 석사학위논문, 2009, 63쪽.

17 S. 채트먼, 한용환 역, 『영화와 소설의 서사구조: 이야기와 담론』, 푸른사상, 2012, 124쪽.

18 김영성, 「한국 추리서사의 서사성과 대중성에 관한 연구」, 『한국언어문화』 29, 2006, 187-188쪽 참조.

19 김민영, 「플랫폼 확장과 좀비 서사의 구현 연구: 넷플릭스 오리지널 드라마 〈킹덤〉 시즌1을 중심으로」, 『현대문학이론연구』 77, 2019, 63쪽 참조.

20 김은희, "좀비를 통해 정치를 말하고 싶었다", 『Kobiz』 2019.3.8.

21 최배석, 『영화 '낯설게 하기' 기법 연구: 관객의 수용과 그 효과를 중심으로』, 성균관대학교 박사학위논문, 2012, 12쪽.

22 김은희, "좀비를 통해 정치를 말하고 싶었다", 『Kobiz』, 2019.3.8.

23 양승국, 『일상성 미학에 이르는 길』, 박이정, 2019, 55쪽

24 양승국, 『일상성 미학에 이르는 길』, 박이정, 2019, 109쪽.

25 남승희, 「시리얼 드라마의 서사 확장 원리 연구」, 이화여자대학교 석사학위논문, 2009, 8-22쪽 참조.

이 글은 등재학술지 『글로벌문화콘텐츠』 43(2020.5)에 게재된 필자의 논문 「OTT드라마 〈킹덤〉 서사 전략 연구: 재매개 이론을 중심으로」를 수정한 것이다.

# 〈별에서 온 그대〉와 〈쓸쓸하고 찬란하神 도깨비〉의 아주 특별한 해피엔딩

김공숙

### OTT 스토리텔링 생존 공식 2: 끝이 좋아야 다 좋다!

스토리의 완성도와 품질을 좌우하는 핵심 요소로 좋은 엔딩을 빼놓을 수 없다. 엔딩은 작품의 세계관이 집약되어 있을 뿐 아니라 시청자의 마지막 느낌을 결정한다는 점에서 매우 중요하다. 〈별에서 온 그대〉와 〈쓸쓸하고 찬란하神 도깨비〉는 초월적 캐릭터를 등장시켜 정형화된 로맨틱코미디의 해피엔딩을 참신하게 변형한다. 이로써 낭만적 사랑의 애틋함과 슬픔을 강렬하게 전달한다. 끝이 좋아야 다 좋다! 두 작품의 아주 특별한 해피엔딩은 이후 많은 로맨틱코미디드라마의 엔딩 변화에 영향을 주었다.

## 고품질 드라마의 요건, 좋은 엔딩

한국 드라마가 초국가적인 영상 콘텐츠로 세계의 시청자와 만나고 있다. 한국 드라마의 지속적 성장과 발전을 위해서는 드라마의 가장 본질적인 요소인 스토리의 품질과 경쟁력 제고에 더 큰 힘을 기울여야 할 것이다.

스토리의 완성도와 품질을 말할 때 핵심 요소 중 하나가 바로 좋은 결말이다. 결말은 작품의 세계관이 집약되어 있을 뿐 아니라 시청자의 마지막 느낌을 결정한다는 점에서 매우 중요하다. 그러나 한국 텔레비전 드라마 결말의 문제점은 '지나치게 해피엔딩에 집착하고, 그 결과 지나치게 성급하게 결말이 이루어진다'[1]라는 것이다.

예를 들어 〈SKY 캐슬〉(2018~2019)은 방영 내내 최고의 시청률과 화제성을 누렸지만, 무리한 해피엔딩의 집착과 갑작스런 결말로 인해 종영 후에는 '용두사망' 드라마로 불리며 조롱거리가 되고 말았다. 완벽하게 필연적인 결말은 아닐지라도 전체 분위기에 합당하고 최선의 결말이라는 느낌을 전해야 최후의 극적 완성도를 확보할 수 있는데 그러지 못했기 때문이다.

특히 한류를 선도하며 국내외적으로 인기를 누려온 로맨틱코미디는 '해피엔딩'이 장르 유형을 구분하는 특징으로 거론될 정도로[2] 이를 반복해온 경향이 크다. 이런 배경에는 로맨틱코미디 장르란, 남녀가 구애 과정에서 성격·신분 등의 장애물로 갈등을 겪지만 행복한 결말로 마무리해야 시청자를 가장 만족시킬 수 있다는 제작자들의 고정관념이 있기 때문일 것이다. 그러다 보니 주인공과 스토리가 달라진다 해도 결말은 항상 기-승-전-해피엔딩이라는 비판을 면하기 어려웠던 것이 사실이다.

## 2010년대 인기 드라마의 특별한 해피엔딩

그런데 2010년대에 오면 전형적인 해피엔딩을 탈피한 로맨틱코미디 드라마들이 본격적으로 등장하기 시작한다. 필자는 국내외에서 엄청난 인기를 누려 대표적 한류드라마로 불리는 두 작품에 주목했다. 〈별에서 온 그대〉(이하 〈별그대〉, 박지은 극본, 장태유 연출, 2013.12.18~2014.2.27, 21부작 수목드라마, SBS)와 〈쓸쓸하고 찬란하神 도깨비〉(이하 〈도깨비〉, 김은숙 극본, 이응복 연출, 2016.12.2~2017.1.21, 16부작 금토드라마, tvN)다. 〈별그대〉는 2021년 12월 현재 글로벌 OTT 넷플릭스(Netfilx), 국내 OTT 웨이브(wavve), 왓챠(whacha), 티빙(TVING)에서 서비스되고 있고, 〈도깨비〉는 넷플릭스와 티빙을 통해 세계의 시청자와 만나고 있다.

〈별그대〉는 시청률 28.1%를 기록해 2010년대 한국 드라마 시청률 3위에 올랐다. 한류의 인기를 재점화한 한류 3.0의 대표적 콘텐츠로, 특히 중국에서 폭발적인 '별그대 현상'을 일으켰다. 〈도깨비〉는 tvN의 역대 최고 시청률을 달성하며 2010년대 드라마 시청률 4위를 기록했다. 한한령(限韓令) 중에도 중국의 폭발적 반응과 아시아를 넘어 남미까지 확장된 인기를 구가해 대표적 글로벌 드라마로 자리매김했다.[3]

그간 〈별그대〉와 〈도깨비〉에 대한 학계의 장르 명칭은 멜로드라마, 판타지멜로드라마, 신데렐라드라마 등이었다.[4] 하지만 두 작품은 '로맨스'를 가볍고 재미있는 '코미디'로 풀어낸 로맨틱코미디 장르로 보는 것이 적절하다고 본다.

필자는 〈별그대〉가 로맨틱코미디로서 중국에서 폭발적 인기를 누린 이유를 탐구하면서 엔딩에 대해 언급한 적이 있다.[5] 〈별그대〉는

'신적인 초능력 외계인'과 인간 사이의 고전적 사랑 이야기인 인신연애담(人神戀愛談)으로 볼 수 있는데, 초능력자 남주인공의 특성을 개연성 있게 활용해 진부한 해피엔딩을 변환하고 있다. 이것이 공전의 인기를 누리게 한 요인의 하나라고 보았다. 그런데 이와 유사하게 〈도깨비〉 또한 강력한 신성(神性)을 발휘하는 귀신적 존재와 인간의 사랑을 다룬 인신연애담이면서 새로운 스타일의 열린 해피엔딩이 펼쳐지고 있어 주목할 필요가 있다.

지금도 활발히 제작되고 있는 무수한 로맨틱코미디드라마의 엔딩이 진부한 해피엔딩 공식에서 많이 벗어나 있다면, 두 작품의 독창적 해피엔딩의 영향력을 무시할 수 없을 것이다. 두 작품은 2010년대 이후 한국 드라마의 특징[6]인 판타지적 비인간 생명체와 초자연적 현상이라는 소재를 적극적으로 활용하여 로맨틱코미디드라마의 천편일률적 해피엔딩을 창조적으로 변형하고 있다고 판단된다.

현재까지 한국 드라마의 엔딩에 관한 탐색은 희소한 편이다.[7] 필자는 두 작품이 초월적 캐릭터를 활용해, 정형화된 로맨틱코미디의 해피엔딩을 어떻게 자연스럽고 여운 있는 참신한 엔딩으로 변화시키고, 그 결과 어떤 효과를 얻었는지 살펴보려고 한다.

## 로맨틱코미디드라마 = 멜로드라마 + 코미디

한국 텔레비전 드라마의 장르 구분은 영화에 비해 자의적이고 아직도 명확한 기준이 모호한 편이다. 로맨틱코미디드라마를 로맨틱드라마와 유사 장르로 보거나,[8] 정서 중심의 장르로 분류[9]한 연구가 있을 뿐이다. 하지만 이런 연구는 과거 포괄적으로 멜로드라마로 불러오던 유형을 로맨틱코미디드라마로 구분해내기는 했지만, 로맨틱코미디드라마 장르만의 고유한 이야기 특징을 밝혀내지는 못했다고 본다. 이에 영화의 장르 연구 성과를 참고해 로맨틱코미디드라마 장르의 특징은 어떤지 살펴보려고 한다.

영화에서 로맨틱코미디(romantic comedy)는 '로맨스'와 '코미디'의 합성어다. 로맨틱코미디는 멜로드라마(melodrama)[10] 장르의 밝고 경쾌한 코미디 요소를 들여와서 코미디를 강화해 만들어진 장르다.[11] 그래서 이야기 내용은 로맨스이고 형식은 코미디다. 로맨틱코미디는 주인공 남녀가 우연히 만나 사랑하게 되고, 서로에 대한 오해 등 우여곡절을 겪지만, 결국에는 난관을 극복하고 결합한다는 이야기다.

한국에서 로맨틱코미디'영화'는 1992년 〈결혼 이야기〉가 시초로 알려져 있다. 이 영화가 히트하자 〈닥터봉〉(1995), 〈미스터 콘돔〉(1997), 〈찜〉(1998), 〈미술관 옆 동물원〉(1998) 등 많은 작품이 연이어 제작되었다. 로맨틱코미디영화는 멜로드라마의 비극적 정서를 희극적 정서로 변화시켰다. 장애 많은 사랑을 플롯 축으로 하면서 행복한 결말로 끝나는 것이 일반적인 특징이었다.[12]

이런 로맨틱코미디가 영화에서 텔레비전으로 넘어와 장르 용어로 사용된 것은 2000년대 전후로 보인다. 2001년 MBC 〈맛있는 청혼〉이 처음으로 '코믹터치의 로맨틱드라마'라는 표현으로 언급되었고, 이후 본격적으로 '로맨틱코미디드라마'로 불리는 작품들이 등장하기 시작했다.

로맨틱코미디는 사랑하는 남녀가 시련과 어려움을 겪지만 마침내는 잘되는 만사형통의 드라마다. 하지만 사랑이 이루어지지 못할지도 모른다는 긴장감을 유지한 채 전개된다. 가벼운 연애 이야기로 치부되는 로맨틱코미디가 이런 속성을 갖는 이유는 로맨틱코미디가 태

생적으로 멜로드라마의 자기장 안에 놓인 혼종적 장르이기 때문이다.

멜로드라마의 소재는 낭만적 사랑(romantic love)이다. 낭만적 사랑은 서양 중세의 기사(騎士)와 귀부인의 궁정식 연애(courtly love)가 기원이다. 귀부인에 대한 기사의 사랑은 지상에서는 실현될 수 없기에 언제나 고통과 슬픔이 뒤따르고 죽음으로 끝나도 아름다울 수 있다.

로버트 존슨(Robert. A. Johnson)은 낭만적 사랑의 원형적 특징이 망라된 이야기로 〈트리스탄과 이졸데(Tristan and Isolde)〉를 꼽는다.[13] 트리스탄과 이졸데는 조카와 숙모 간의 이루어질 수 없는 사랑을 하면서, 그 장애를 죽음으로써 극복한다. 영원한 사랑을 지키기 위해 남녀 모두 죽고 마는 것이다. 유명한 낭만적 사랑 이야기인 『로미오와 줄리엣』, 『폭풍의 언덕』의 주인공들, 〈사의 찬미〉의 윤심덕과 김우진도 사랑의 난관을 넘어서지 못하고 죽음으로써 낭만적 사랑의 비극적 결말을 재현한다.

멜로드라마 또한 궁정식 연애에 버금가는 제약이나 난관이 필수로 등장한다. 주인공은 사랑을 절대적 가치로 여긴다. 수많은 장애로 고통 받고 사랑을 위해 모든 것을 포기한다. 이때 나타나는 것이 '감정의 과잉'과 '비극의 정서'다. 개인의 노력으로는 바꿀 수 없는 운명적 상황에서 비극의 정서가 나타나고, 터무니없을 만큼 극적인 상황까지 발생하며 그런 가당찮은 고통에 대한 연민으로 감정의 과잉이 일어난다.

그러면 로맨틱코미디는 어떨까. 캐슬린 로우(Kathleen Rowe)는 "웃음이 핵심인 로맨틱코미디에도 언제나 남녀의 이별이나 죽음 또는 그에 준하는 고통 등 멜로드라마의 긴장감이 잠재되어 있다"라고 말했다.[14] 이러한 긴장감은 로맨스 소재의 작품이 가진 숙명일 것이다. 하지만 로맨틱코미디는 긴장감 속에서도 연애의 현실보다 대중의 요구를 채워주는 환상이 중요한 장르다. 로맨틱코미디에서 궁극적으로 기대되는 것은 주인공들이 사랑에 성공하는 것이기 때문에 해피엔딩을 보장해야 한다. 해피엔딩이 코미디의 전유물은 아니지만, 일반적인 코미디는 해피엔딩이 필요조건이고, 코미디의 웃음이 중요한 로맨틱코미디드라마에서도 필요한 조건이다.[15]

코미디에서 위기의 국면을 구성하는 두 가지 요소는 '반전'과 '발견'이다.[16] 해피엔딩을 위해 클라이맥스에 반전을 준비하고, 반전은 발견을 통해 모든 이에게 해피엔딩으로 드러난다. 로맨틱코미디에서 반전과 발견을 통해 사랑이 성취되는 장면은 축제 같은 결혼식이나 달콤한 키스 등으로 형상화된다. 그리고 마지막에는 모든 사건이 일단락되면서 해피엔딩으로 이야기가 마무리되는 것이 일반적이다.

## 한국 로맨틱코미디드라마의 해피엔딩과 변화의 시작

2000년대는 한국 로맨틱코미디드라마의 전성시대였다. 그 시초라 할 수 있는 〈맛있는 청혼〉 이후 〈명랑소녀 성공기〉(2002), 〈옥탑방 고양이〉(2003), 〈낭랑 18세〉(2004), 〈풀하우스〉(2004), 〈오 필승 봉순영〉(2004), 〈마이 걸〉(2005~2006), 〈환상의 커플〉(2006), 〈궁〉(2006), 〈넌 어느 별에서 왔니〉(2006), 〈커피프린스 1호점〉(2007) 등의 작품이 모두 높은 시청률을 기록하면서 대중의 관심을 끌었다. 2000년대의 인기 로맨틱코미디드라마들은 대부분 사랑의 우여곡절은 있지만 전반적으로 유쾌한 코미디 요소가 부각되면서 견고한 해피엔딩을 공식으로 삼았다.

그런데 이 시기에 〈내 이름은 김삼순〉(2005)만은 공식을 다소 비껴가 주목된다. 재벌 2세와 노처녀 파티셰라는 신데렐라 스토리 구도

[그림 1] 〈시크릿 가든〉(출처: https://programs.sbs.co.kr/drama/secretgarden/main)

이지만, 사랑을 방해하던 고난의 보상처럼 주어지던 해피엔딩 대신 열린 결말이기 때문이다. 사랑이 맺어지기는 했으나 현재에 충실할 것 외에는 아무것도 약속하지 않고, 남자의 어머니는 여전히 결혼을 반대하고 주인공들은 계속 싸우고 화해하며 현실의 질박을 보여준다. 이런 신선한 결말은 현실감과 완성도를 높였다.[17]

이런 실험은 2010년대에 이르면 〈시크릿 가든〉(2010~2011)으로 이어져 장르 공식의 변화로 나타나기 시작한다. 무엇보다 〈시크릿 가든〉은 판타지 붐을 일으키며 선풍적 인기를 누렸다. 코미디의 웃음 코드 외에 멜로드라마의 감정 과잉과 비극의 정서를 살려내어 기존 로맨틱코미디드라마와 차별화를 시도했다.

〈시크릿 가든〉에는 재벌 3세와 가난한 스턴트우먼이라는 계급 간 격차에 따른 사랑의 갈등이 등장한다. 그러나 가장 중심이 되는 갈등은 사랑의 시작과 완성이 주인공의 과거가 얽힌 '비극적 운명'이다. 남주인공 김주원(현빈 분)의 기억상실증과 폐소공포증은 과거 자신을 구하다가 죽은 소방관과 연관된 고통이다. 세월이 흘러 김주원은 소방관의 딸인 길라임(하지원 분)과 계급 초월적 사랑을 하게 된다. 비현실적이지만 운명적인 사랑을 완성시키기 위해 드라마는 육체 전환, 이른바 '영혼 교체'라는 판타지 장치를 동원해 극적 개연성을 부여한다.[18]

〈시크릿 가든〉은 현실성의 측면에서 〈내 이름은 김삼순〉의 엔딩과 유사점이 있다.[19] 〈시크릿 가든〉의 남녀 주인공은 여느 로맨틱코미디에서 자주 보이는 화려한 결혼식을 올리지 못하고, 축복 대신 냉대를 받으며 쓸쓸하게 구청에 가서 혼인신고만 하고 같이 산다. 남주인공의 재벌 어머니는 끝까지 결혼을 인정하지 않고, 남주인공은 무술감독이 된 아내 대신 아들 삼 형제를 돌보며 고단하게 살아간다. 이것은 로맨틱코미디가 행복한 엔딩의 강박에서 벗어나 삶의 일상성과 결혼의 현실을 보여주는 결말이다. 로맨틱코미디는 연애와 결혼의 결과를 다루지 않고 환상만 주기 마련인데, 〈시크릿 가든〉은 사랑의 결과를 현실감 있게 제시함으로써 정형화된 해피엔딩에서 벗어나고 있다.

〈시크릿 가든〉을 전후로 로맨틱코미디드라마에는 '판타지 융합', '운명적 사랑', '개연성 있는 변형된 해피엔딩'이 자주 출현한다. 로맨틱코미디에 판타지를 융합하는 방법 중 효과적인 것은 〈내 여자 친구는 구미호〉(2010)처럼 아예 주인공을 판타지한 이류(異類), 즉 초능력자, 신적인 존재, 인어, 귀신 등 신이(神異)한 캐릭터로 설정하는 것이다.[20] 〈별그대〉와 〈도깨비〉의 경우 〈시크릿 가든〉의 '판타지 융합'적 특징에 더해 캐릭터 자체를 외계인 혹은 도깨비로 만들어 인간과 '운명적 사랑'을 하게 만들고 '변형된 해피엔딩'을 구현하고 있다고 보인다. 즉 〈별그대〉와 〈도깨비〉는 초월적 캐릭터를 주인공으로, 비극적 멜로드라마의 요소를 다양한 방식으로 되살려 해피엔딩이 되지 못할 수 있다는 긴장감을 조성한다. 그 결과 로맨틱코미디의 의무적인 해피엔

딩을 창조적으로 변형한 개연성 있는 결말을 구축할 수 있게 되었다.[21]

그럼 〈별그대〉의 전개와 결말부터 살펴보기로 한다.

## 외계인과 인간의 로맨틱코미디, 〈별에서 온 그대〉

〈별그대〉는 『조선왕조실록』 「광해군일기」 1609년의 미확인 비행물체 목격담을 모티프로 한 팩션(faction) 드라마다. 400여 년 전 지구에 떨어진 후 사랑에 냉소적이며 고독하게 살아가던 외계인 도민준(김수현 분)이 여배우 천송이(전지현 분)와 사랑을 이루어가는 내용이다. 드라마는 이를 코믹터치의 '달콤발랄 로맨스'로 표현하고 있다.

외계인 초능력자 도민준의 계보를 추적하면 전우치나 임꺽정, 장길산, 아기장수 등 옛이야기 속의 인물과 특징을 공유한다.[22] 도민준은 이전 로맨틱코미디에 등장한 어떤 남주인공보다 지적·경제적 능력은 물론 초능력까지 지닌 최고의 이상적 남성 캐릭터다. 도민준은 젊음과 낭만적 사랑에 대한 여성 시청자의 욕망을 충족시켜주어 폭발적 반향을 얻었다.[23]

한편 코미디 요소를 전담하며 적극성을 보여주는 여주인공 천송이는 솔직하고 능동적이다. 이런 성격은 한류드라마에서 대중의 이목을 끄는 매력적인 여성 주인공의 특징으로,[24] 진취적인 현대 여성의 반영이라 할 수 있다. 천송이는 자기 별로 귀환할 시간이 다가오기에 사랑을 주저하는 도민준에게 먼저 프러포즈할 만큼 적극적이다.

도민준은 처음 지구에 떨어졌을 때 인연을 맺은 조선의 이화를 지켜주지 못한 아픔을 간직한 채 인간에게 환멸감을 가지고 살아왔다. 그에게는 인간의 체액이 가장 치명적이다. 자발적 고독과 고립을 선

[그림 2] 〈별에서 온 그대〉(출처: https://programs.sbs.co.kr/drama/lovefromstar/main)

택한 도민준의 성격은 까다롭고 폐쇄적이다. 그의 목표는 고향 별로 귀환하는 것이다. 그러나 400여 년을 기다려온 귀환을 앞두고 천송이를 사랑하게 되면서 그녀와 영원히 함께하고 싶은 욕망으로 갈등하게 된다.

로맨틱코미디는 코미디의 웃음과 멜로드라마의 비극적 정서를 융합한 장르다. 〈별그대〉는 우선 이야기 전반에서 웃음을 추구한다. 드라마 초반부에 두 사람이 우연히 이웃으로 만나서 티격태격하는 다음 장면 같은 것이 그 예다.

〈별그대〉 2부 S#10. 엘리베이터 앞(N)[25]

-민준, 엘리베이터에서 나와 송이를 스쳐 가려는데

송이: (보더니) 그쪽 몇 살이에요?

민준: 대답을 해야 되나?

송이: 이거 봐~ 말이 또 짧아. 물론 내가 심하게 동안이기는 한데요. 낼모레면 서른이에요. 아니 어린 나이에 무슨 빽으로 대학교

수까지 됐는지는 모르겠는데, 암만 그래도 내가 나이가 있는데 반말은 좀….

민준: (허… 혼잣말처럼) 병자년 방죽을 부리는군.

송이: 아니 이 냥반이, 지금 사람이 좋게좋게 말을 하는데, 방금 년이라고… (버럭) 지금 나한테 욕했어요?

도민준은 고종 13년 병자년에 몹시 가물어서 말라붙은 건방죽이 '건방지다'라는 말의 시초라고 하면서 천송이가 주제도 모르고 날뛴다는 의미로 "병자년 방죽을 부린다"라고 했다. 그러나 천송이가 이를 엉뚱하게 알아듣는 데서 웃음이 유발된다. 400년을 지구에서 살아온 고독하지만 고상하고 인간을 무시하는 도민준과, 속물성이 농후하고 모카라테와 목화씨를 구분하지 못하는 무식한 한류 여배우 천송이는 여러모로 대비된다. 〈별그대〉는 불로장생해온 도민준의 역사 체험을 배경화하여 캐릭터에 대한 흥미를 유도하며, 남녀의 외면적·내면적 대립 요소를 부각시키는 멜로드라마의 통속성을 코미디로 유쾌하게 표현하고 있다.

〈별그대〉의 웃음은 희극적인 주인공 천송이에 의한 상황적 유머가 많다. 천송이는 명품백을 무심코 자동차 사이드미러에 걸고, "우리 언니 만송이, 내 동생 백송이"라고 노래하면서 우스꽝스러운 랩을 하거나, 주유소에서 카드 결제 사인 대신에 사인지를 꺼내어 자기 사인을 해주어 폭소를 유발한다. 이런 코미디는 인물에 대한 매력과 친숙감을 강화한다.

〈별그대〉의 이야기 전개는 이전 로맨틱코미디드라마들과 차이가 있다. 일반적인 로맨틱코미디는 외적 갈등이 부모의 반대나 계급 갈등 정도의 수준이지만, 〈별그대〉의 핵심적인 외적 갈등은 여주인공에 대한 악당의 살해 위협이다. 이것은 로맨틱코미디 장르에 미스터리와 스릴러가 가미된 결과다. 남녀 주인공을 중심으로 〈별그대〉의 이야기 전개 과정을 정리해보면 다음과 같다.

〈표 1〉 〈별에서 온 그대〉의 이야기 전개

| 순서 | 이야기 전개 |
|---|---|
| 만남 | · 400여 년 전 지구에 남겨진 후 자기 별로 귀환을 3개월 앞둔 외계인 도민준은 배우 천송이와 이웃으로 만나 티격태격한다. 도민준은 천송이가 400년 전 자신을 구하고 죽은 조선시대 이화의 현생임을 알게 된다. |
| 외적 갈등 | · 천송이는 한유라 자살 사건의 원인 제공자로 지목되어 칩거하게 되고, 재벌 사이코패스 이재경의 과거 범행 영상을 보게 된다.<br>· 이재경은 한유라 살인죄를 천송이에게 전가해 살해하려 하고, 천송이는 수시로 위험에 처한다.<br>· 도민준은 천송이를 위기에서 구해주고, 서로에 대한 사랑의 감정을 인정한다.<br>· 이재경의 악행이 도민준에게 발각되고, 둘은 본격적으로 대립한다. |
| 내적 갈등 | · 도민준은 천송이를 구할 목적으로 천송이에게 자신이 외계인임을 밝힌다. 천송이는 갈등하지만 도민준을 사랑하기로 한다.<br>· 도민준과 대립 끝에 이재경의 모든 범행이 밝혀지고 이재경은 구속 수감된다. |
| 결연 | · 천송이는 꽃으로, 도민준은 자기 별로 귀환을 포기하고 반지를 끼워주며 프러포즈한다. |
| 이별 | · 둘은 잠깐의 행복한 시간을 보내지만, 도민준이 지구에서 사라지고 둘은 이별하게 된다. |
| 재회 | · 도민준은 3년 만에 천송이 앞에 나타난 후 사라지지만 다시 귀환해 오랜 시간을 함께한다. |
| 이별과 재회의 반복 | · 행복한 순간에 도민준은 사라지고, 다시 나타났다 사라지기를 반복한다. |
| 결말 | · 도민준이 언제 또 사라질지 모르지만 천송이와 도민준은 애틋한 사랑을 지속한다. |

로맨틱코미디의 공식은 남녀의 첫 만남이 '우연'이라는 것이다. 도민준과 천송이도 이웃으로, 대학의 사제지간으로 우연히 만난 것처럼 보인다. 하지만 알고 보면 '운명적 만남'이다. 천송이가 400년 전 도민준을 구해내고 죽은 첫사랑과도 같은 이화의 현생이라는 사실이 곧 인식되고 도민준은 그런 천송이에게 관심을 가지게 된다.

이런 상황은 〈시크릿 가든〉에서도 이미 구현되었다. 우연인 줄 알았는데 운명적 만남인데다 전생의 인연이 환생으로 이어지는 운명은 일반적인 로맨틱코미디의 우연적인 만남과는 다르다. 운명적인 만남은 영원한 사랑을 추구하는 낭만적 사랑의 원형성을 강화한다. 이는 혼종적 장르인 로맨틱코미디에서 코미디 요소가 부각되면서 상대적으로 희미해진 멜로드라마의 비극적 정서가 재생된 것이라고 할 수 있다.

〈별그대〉는 판타지를 기초로 이재경의 살해 위협 같은 심각한 '외적 갈등'을 만들어 미스터리와 스릴러 요소를 추가한다. 그리고 외적 갈등을 주인공들의 사랑이 깊어지는 과정으로 활용한다. 〈별그대〉가 설정한 외적 갈등은 과거 로맨틱코미디의 집안이나 신분, 계급 간 갈등에 비교할 수 없을 만큼 심각한 것이다. 도민준은 사이코패스 이재경으로부터 천송이를 구해주면서 그녀를 더욱 깊이 사랑하게 된다.

외적 갈등이 사라진 후에는 외계인과 인간의 존재 차이에 의한 '내적 갈등'이 사랑의 방해물로 떠오른다. 천송이는 도민준이 외계인이라는 것을 알고 갈등하고, 도민준 또한 400년을 기다려온 귀환의 시간이 다가오자 갈등하게 된다. 이별할지도 모르는 긴장 속에서 천송이는 외계인을 사랑하기로 결정하고, 도민준도 사랑이라는 인간적 열망에 자발적으로 굴복하고 귀환을 포기한다. 과거의 그는 이기적이고 냉소적인 비인간이었지만 이제는 사랑이 가장 중요해졌기에 귀환이

의미가 없어졌다. 도민준은 천송이에게 프러포즈한다. 그러나 천송이는 점점 무력해지는 도민준을 살리려고 원래 있던 곳으로 돌아가라고 하면서 자신을 위해 존재해달라고 눈물을 흘린다. 하지만 도민준은 이를 거부한다. 이는 개인의 노력으로는 바꿀 수 없는 멜로드라마의 운명적 상황과 다르지 않으며, 이때 비극적 정서와 감정이 고조된다.

〈별그대〉의 이별은 기존의 로맨틱코미디가 보여준 외적인 원인이 아닌 남주인공이 지닌 존재의 특성 때문에 일어난다. 프러포즈 후 도민준과 천송이는 '결연'하여 잠깐 행복한 시간을 보낸다. 그러나 도민준의 귀환할 시간이 임박하면서 마침내 지구에서 소멸되어 천송이와 '이별'한다. 하지만 이렇게 끝나버리면 로맨틱코미디의 장르 공식과 어긋난다. 로맨틱코미디드라마에서 이별은 반드시 재회를 기약해야 한다. 둘이 다시 만나서 사랑하게 하려면 개연성 있는 창조적 결말을 짜내야 한다. 〈별그대〉에서는 도민준이 자기 별로 귀환하지 않았다는 것으로 드러난다.

도민준은 초능력 외계인이지만 신이 아니기에 영원한 사랑을 위해 뛰어넘어야 할 궁극적 장애물은 우주의 법칙이다. 그는 우주 공간을 연결하는 웜홀(wormhole)을 통해 지구로 귀환하려고 노력해 결국 3년 만에 천송이와 '재회'한다. 냉소적이고 고독한 외계인에서 지고지순한 사랑지상주의자가 된 도민준이 이 시대 여성들의 이상적인 남성상으로 부각되는 설정이 아닐 수 없다. 도민준은 수많은 시도와 실패를 반복하면서 천송이 곁으로 돌아오려고 애썼고, 점차 지구에 머무는 시간을 연장하여 1년 2개월째 천송이 곁에 머문다. 하지만 그럼에도 언제 또 이별할지 모른다는 해결될 수 없는 어려움은 여전히 존재한다.

외계인과 인간의 존재적 간극은 해소가 불가능해 보이는 갈등이다. 〈별그대〉에 대한 시청자의 기대와 질문은 로맨틱코미디의 남녀 주인공이 존재의 갈등을 어떻게 극복하고 사랑을 완성할 것인가다. 〈별그대〉는 이 질문에 대한 충족과 해답을 미루면서 결말로 이끈다.

결말부에서 도민준과 함께 있던 천송이는 "완벽하게 행복하다"라고 말하는데, 그 순간 도민준은 또다시 사라져버리고 없다. 천송이는 도민준이 예고도 없이 갑자기 사라지는 것이 힘들지 않느냐는 질문에 "그래서 더 사랑할 수 있기도 해요. 지금 내 눈앞에 있는 그 사람의 모습이 마지막일지도 모른다고 생각하면 그 순간이 정말 소중하게 느껴지니까요"라고 말한다.

이들은 견우와 직녀처럼 '이별과 재회의 반복'을 지속한다. 견우와 직녀는 헤어져도 칠월칠석이면 정기적인 만남과 이별을 계속하지만, 〈별그대〉의 도민준과 천송이는 언제 만나고 헤어질지 모르기에 더욱 애틋하다. 이들의 재회는 불시에 일어나기에 이별해 있는 동안에도 서로를 망각하지 못한다. 반복되는 재회는 이별을 강요하는 우주의 횡포에 저항하는 도민준의 노력과 천송이의 변함없는 기다림이 있어야 가능하다.[26]

최종적인 '결말' 장면은 도민준과 천송이가 합가하여 전원주택으로 이사하는 행복한 모습이다. 이는 로맨틱코미디가 수없이 재현해온 완전한 해피엔딩처럼 보인다. 실존의 간극까지 극복하고 사랑을 이루고 영원한 사랑을 완성하는 낭만적 사랑의 신화를 확인해주는 것 같다. 또한 연애의 환상에 대한 시청자의 기대를 충족시키고, '이들이 어떻게 될까?'라는 질문에 답도 제시하는 것처럼 보인다.

하지만 조금만 깊이 들여다보면 〈별그대〉에는 비극의 가능성이 잠재해 있음을 알 수 있다. 토르고비닉(Torgovinik)에 의하면 "엔딩(ending)과 종결(closure)에는 차이가 있다".[27] 종결은 보통 엔딩을 포함하지만, 엔딩이 반드시 스토리의 끝이 되는 것은 아니다. 이야기의 최종 결론이 엔딩의 위치에 있지 않을 수도 있다.

〈별그대〉는 이야기가 중단되었음에도 외계인 도민준의 초월적 특성으로 인해 여전히 해결되지 못한 과제가 남아 있다. 우선, 나타났다가 사라지기를 반복하는 도민준은 우주의 질서가 허용하는 한도까지만 천송이와 재회가 가능하다. 다음으로, 도민준은 400년 동안 변치 않는 모습이었고 시간이 경과해도 늙지 않겠지만 천송이는 인간이기에 그렇지 못하다. 둘은 함께 늙어갈 수도 없고, 결국 도민준은 천송이의 죽음을 목도할 수밖에 없게 될 것이다. 그렇기에 시청자는 〈별그대〉의 행복해 보이는 엔딩에도 긴장할 수밖에 없다. 도민준과 천송이는 언제 헤어질지 모르고 또 미래의 결말이 예측되기에 이들이 함께하는 현재가 더욱 애틋하고 안타깝게 전달될 수밖에 없는 것이다.

〈별그대〉는 지금 여기에서는 해피엔딩을 구현하지만, 실질적으로는 비극성을 품은 열린 엔딩으로 최종적 종결감을 얻지 못하게 한다.[28] 이야기에 대한 기대와 질문을 충족시킬 해답의 일부를 시청자의 몫으로 남기는 것이다. 외계인이라는 초월적 캐릭터의 특성에서 기인한 〈별그대〉의 열린 결말은 '영원한 사랑'이라는 주제를 자연스럽고 설득력 있게 전달하여 극적 완성도를 높이는 데 기여하고 있다.

〈도깨비〉는 도깨비와 저승사자, 삼신할미 등 전통설화의 인물들을 현대적으로 변용하여 대중적 인기와 화제를 모았다. '신비로운 낭만설화'를 표방한 〈도깨비〉가 신드롬적 인기를 누린 이유는 유쾌한 웃음과 함께 현실적으로는 불가능한 낭만적 사랑의 환상을 그럴듯하게 충족시킨 결과라고 할 수 있다. '로맨틱코미디의 여왕'으로 불리는 작가 김은숙은 이 작품으로 백상예술대상 대상을 수상했다.

주인공인 도깨비 김신(공유 분)은 고려의 장군이었다가 왕에게 배신을 당해 죽었다. 하지만 부활해 900여 년을 몸에 칼이 박힌 채 죽지 못하고 살아왔다. 그는 로맨틱코미디드라마의 남주인공 중에서 아마도 최고의 슬픔을 간직한 인물일 것이다. 왕비였던 여동생이 왕에게 죽임을 당하는 것을 목격하고 자신 또한 죽임을 당했지만, 도깨비가 되어 무(無)로 돌아가기 위해 살아가는 우울한 존재다. 자신의 몸에서 칼을 뽑아내어 불멸을 유일하게 끝내줄 수 있는 이는 도깨비 신부뿐이다.

김신은 설화 속 도깨비의 속성과 초능력, 신적 속성을 동시에 소유했다. 김신은 과거 로맨틱코미디 남주인공의 재벌이라는 조건과, 〈별그대〉의 도민준이 가진 공간이동이나 텔레파시 같은 초능력을 넘어서 인간을 살리거나 해를 주거나 징벌까지도 가능하다. 김신은 태어나지 못할 운명의 태아(지은탁)를 우연히 살려주고, 이후 열아홉 살이 된 지은탁(김고은 분)을 만나 사랑하게 된다.

지은탁은 귀신을 볼 줄 안다. 도깨비에게 구제되어 귀신들에게 자신이 도깨비 신부라는 이야기를 듣고 살아간다. 지은탁은 불우한 고아이지만 적극적이고 능동적인 성격의 과거 한국 로맨틱코미디드

[그림 3] 〈쓸쓸하고 찬란하神 도깨비〉
(출처: http://program.tving.com/tvn/dokebi/14/Board/View?b_seq=8)

라마에서 흔히 등장해온 캔디형 여성 캐릭터다. 무엇보다 지은탁은 신적 존재인 도깨비의 사랑을 받는 최고의 신데렐라라고 할 수 있다.

〈도깨비〉는 극 전반에 걸쳐 죽음이라는 무거운 주제를 로맨틱코미디의 웃음 요소를 배치하여 상쇄한다. 남녀 주인공 외에 저승사자, 써니, 덕화 등 주요 인물이 수시로 희극성을 보여준다. 상황적 유머와 언어유희, 상대방의 말꼬리 잡기 방식으로 감정을 우스꽝스럽게 표출하여 웃음을 유발한다.[29] 예를 들어 다음과 같은 상황이다.

〈도깨비〉 2부 S#48. 편의점 앞(낮)[30]

은　탁: 아, 깜짝아!! (돌아보면, 역시나 도깨비 딱 서 있다) 아, 왜 자꾸 쫓아다녀요?

도깨비: 쫓아다닌 게 아니라 니가 또 부른 거야.

은　탁: 아니라니까요? … 그나저나 아저씨 진짜 수호신 맞아요? 종류가 뭔데요. 망신? 근신? 내신? 당신?

도깨비: (끙 하고 보면) … 너야, 너라고. 너 맞어! 한 번도 이런 적 없었어!

은　탁: (진짠가?) 진짜 나예요? 정말? 진짜 그런 거면 나 대체 뭐지? … 나한테 보이는 거 다 말해봐요.

도깨비: 이쁘네…. (은탁, 미소 삐져나오는데) 교복이.

은　탁: (삐죽거리며) 그게 다예요? 날개 이런 거 안 보여요? 나 아무래도 요정인가 봐요. 팅커벨. (도깨비, 화르륵! 불꽃으로 사라지고)

역사적 사건이나 인간사에 개입하는 초자연적인 힘이나 존재를 '신이하다'라고 말하는데, 도깨비 김신은 초자연적으로 나타났다가 사라지는 신이성(神異性)에 기반한 캐릭터다. 〈도깨비〉는 김신의 신이성을 활용해 갈등, 이별, 재회를 두 차례에 걸쳐 배치한다. 남녀 주인공을 중심으로 〈도깨비〉의 이야기 전개 과정을 살펴보기로 한다.

〈도깨비〉는 〈별그대〉의 구조를 기본으로 하여 이를 좀 더 복잡하게 구성하고 있다. 외적 갈등과 이별을 반복해 등장시키고, 결연에 도달하기까지의 시간을 지연시키는데, 무엇보다 〈도깨비〉에서의 이별은 죽음을 전제하여 더욱 애틋하고 절절하다.

김신과 지은탁의 '만남'은 〈별그대〉의 전생의 인연보다 더욱 운명

〈표 2〉〈도깨비〉의 이야기 전개

| 순서 | 이야기 전개 |
|---|---|
| 만남 | · 이모 집에서 폭력과 구박을 받으며 살던 지은탁이 19세 생일에 케이크의 촛불을 불자 김신이 소환된다. 지은탁은 김신이 도깨비라는 사실을 알게 된다. 김신은 자칭 도깨비 신부라는 지은탁을 의심하지만 호감을 갖는다. |
| 1차 외적 갈등 | · 지은탁은 엄마의 사망보험금을 가져오라는 이모의 협박에 시달린다. 저승사자가 지은탁을 데려가려 하자 김신이 지켜준다.<br>· 사망보험금을 노리던 이모는 사채업자와 공모하여 지은탁을 납치하고 지은탁은 위험에 처한다.<br>· 지은탁은 김신을 소환하여 구출되고, 김신은 이모네를 도둑으로 만든다. 김신은 지은탁이 도깨비 신부임을 알게 된다.<br>· 이모 일가는 김신에 의해 기억이 지워지고 절도죄로 수감된다. |
| 내적 갈등 | · 김신은 캐나다에서 지은탁을 보며 첫사랑을 느끼고, 불멸을 끝내기를 주저한다. 둘이 진실한 사랑을 하게 되자 김신은 지은탁이 부르면 언제든 오겠다고 계약한다.<br>· 지은탁은 김신의 몸에 박힌 검을 뽑을 수 있게 되지만 서로의 생과 사의 비밀을 알게 되고, 김신의 곁을 떠난다.<br>· 지은탁이 수차례 목숨을 잃을 위기에 처하자 그때마다 김신이 나타나서 구해준다.<br>· 지은탁은 함께 죽자고 하지만 김신은 지은탁을 지켜주겠다고 한다. 지은탁은 검을 뽑지 않겠다면서 김신에게 사랑한다고 고백한다. |
| 2차 외적 갈등 | · 고려 때 김신에게 죽임을 당한 악귀 박중헌이 지은탁 앞에 나타난다.<br>· 박중헌은 김신이 도깨비 신부에 의해서만 불멸의 생을 끝낸다는 것을 알고 지은탁의 손을 빌려 김신을 제거하려고 한다. 김신은 박중헌과 마주한다.<br>· 박중헌은 지은탁에게 빙의하여 김신에게서 칼을 뽑으려 하지만 실패한다.<br>· 김신은 저승사자의 도움으로 기절한 지은탁의 손을 빌려 가슴에 꽂힌 검을 빼내고 박중헌을 완전히 제거하며 지은탁을 지켜내고 불멸의 삶을 끝낸다. |

| | |
|---|---|
| 1차 이별 | · 김신은 인간세계에서 소멸되고, 모든 사람의 기억에서 지워진다. 지은탁도 김신을 망각한다. 김신은 무로 돌아가지 않고 중간계에 남는다. |
| 1차 재회 | · 지은탁은 29세 생일에 케이크의 촛불을 분다. 김신은 9년 전에 지은탁과 맺었던 계약으로 다시 소환되어 재회한다. |
| 결연 | · 지은탁은 김신을 기억하지 못하지만, 둘만의 의미 있는 장소인 캐나다에서 기억을 회복한다. 김신과 지은탁은 둘만의 결혼식을 올리고 행복해한다. |
| 2차 이별 | · 지은탁은 가장 행복한 날에 유치원 버스를 구하려다가 죽는다. 지은탁은 이승을 떠나기 전 김신과 두 번째 생에서 재회하자고 약속하고 모든 기억을 가지고 저승으로 간다. |
| 2차 재회와 결말 | · 100여 년이 지난 뒤 김신은 환생한 지은탁과 캐나다에서 재회한다. |

적이다. 지은탁이 도깨비에 의해 구명되어 '도깨비 신부'로 살아남을 수 있게 되었기 때문이다. 그러나 김신과 지은탁은 서로가 사라져야만 자신이 살 수 있는 운명적 상대로서 멜로드라마의 비극적 정서를 강화한다.

김신은 이모네의 협박과 사채업자에 의한 납치에서 지은탁을 구해주어 '1차 외적 갈등'을 해결한다. 그 과정에서 지은탁이 도깨비 신부라는 것을 알게 된다. 이제 김신은 지은탁의 손으로 칼을 뽑아내고 본래의 목표인 무로 돌아가면 된다. 하지만 지은탁을 사랑하게 되어 불멸을 끝내기를 주저하고, 지은탁은 서로의 비밀을 알고 김신의 곁을 떠난다. 둘은 떨어져 있으면서 '내적 갈등'을 겪는다.

〈별그대〉의 도민준이 귀환할 시간이 임박하자 사랑하는 천송이 때문에 갈등하는 것처럼 김신 또한 지은탁을 통해 당초의 목표 달성이 가능함에도 이를 지연하며 이야기의 긴장을 축적한다. 〈도깨비〉는 이 긴장을 고려 때 김신에게 죽임을 당한 악귀 박중헌을 등장시켜 '2차 외적 갈등'으로 만들고, 김신이 그를 처단함으로써 해소한다. 하지만 그 결과 김신은 불멸의 삶을 끝내고 사라져버려 지은탁과 '1차 이별'을 하게 된다.

로맨틱코미디에서 이별은 재회를 기약할 수밖에 없다. 〈도깨비〉가 비극적 결말을 피하기 위해 남겨놓은 미해결 과제의 하나는 김신이 인간세계에서는 소멸되었지만 실제로는 불멸의 삶을 끝내지 않았다는 것이다. 김신은 지은탁과의 사랑을 포기할 수 없어 오랫동안 욕망해온 소멸을 포기하고 중간계[中天]에 남는다. 이것은 〈별그대〉의 도민준이 자기 별로 돌아가지 않고 우주의 이방인으로 남는 것과 유사하다.

지은탁은 김신과 이별한 후 그를 망각한 채 알 수 없는 무의식의 상처로 고통과 슬픔 속에서 살아가다가 29세 생일에 케이크의 촛불을 분다. 그때 중간계에서 하염없이 방황하고 있던 김신이 9년 전 지은탁과 맺었던 계약으로 소환되어 둘은 '재회'한다.

재회 후 지은탁은 모든 기억을 되찾는다. 김신의 청혼을 받아들여 "고려 남자의 처음이자 마지막 신부가 되겠다"라면서 "죽음이 갈라놓을 때까지" 영원한 사랑을 약속하고 메밀꽃밭에서 결혼식을 올린다. 이것은 '결연'의 완성으로서 로맨틱코미디드라마 엔딩의 전형적이고 의무적인 장면이다. 하지만 여기에서 이야기가 중단되면 진부한 결말의 반복에 그치고 말 것이다.

로맨틱코미디에서 최종적 결연을 지연하는 가장 적절한 장치는 이별과 재회의 반복이라고 했다. 〈별그대〉에서는 도민준이 불시에 소멸되고 출현하여 만남과 헤어짐이 반복되었다면, 〈도깨비〉의 주인공 남녀는 처음부터 신이 정한 운명의 상대로 결정되고 생사의 교차 속에서 만남과 헤어짐이 반복된다.

이제 〈도깨비〉는 또 하나의 해결되지 못한 문제가 떠오른다. 처음부터 태어나지 못할 운명이었던 지은탁이 도깨비에 의해 운명을 거스르며 목숨을 구했고, 그 결과 '기타 누락자'가 되어 언제나 죽음이 따라다니는 존재라는 것이다. 이것은 지은탁이 죽어야만 해소될 수 있는 문제다. 〈도깨비〉는 이를 지은탁이 결혼한 후 가장 행복한 순간에 유치원 버스의 아이들을 구하고 죽게 함으로써 해소한다. 그 결과 둘은 '2차 이별'하게 된다.

## 〈쓸쓸하고 찬란하神 도깨비〉의 슬픈 해피엔딩

〈별그대〉가 그렇듯이 초현실적 존재와 인간의 낭만적 사랑 이야기는 실존이 다름에도 개연성 있게 사랑을 완성해야 하는 과제가 있다. 〈도깨비〉는 남녀 주인공이 각자 소멸되는 듯이 보였지만 다시 만나게 함으로써 이 어려운 사랑을 어떻게 완성해갈지 기대하며 결말을 따라가게 만든다.

죽은 지은탁은 저승길을 떠나가기 전에 김신과 만나 "다시 돌아와 오래오래 곁에 있을 거"라며 "위에 가서 졸라보겠다"라고 한다. 지은탁은 망각의 차를 마시기도 거부하고 기억을 고스란히 가져가겠다고 하여 재회의 가능성을 예측하게 한다.

〈도깨비〉의 최종 '결말'은 100여 년이 흐른 뒤 환생한 지은탁이 김신을 찾아와 캐나다에서 '2차 재회'하는 장면이다.

〈도깨비〉 16부 S#58. 캐나다/평원(해질녘)[31]

-하루를 천 년처럼 기다린 이를 확인한 도깨비, 환하게 웃는데 눈가엔 눈물이 핑 돈다. …

은 탁: 나… 누군지 알아요?

도깨비: (눈물 툭, 떨어진다) 내 처음이자 마지막, 도깨비 신부.

-더없이 환하게 웃는 은탁과 그런 은탁을 사랑스럽게 보는 김신…

은 탁: 이번 생에서 제 이름은 박소민입니다.

도깨비: 나는 여전히 김신이다.

-신이 포옹해주듯 따뜻한 노을 안에 감싸인 채 하염없이 바라보는 두 사람…

-도깨비와 도깨비 신부의 영원불멸 슬픈 사랑에서…

-끝-

〈도깨비〉는 도깨비와 도깨비 신부라는 비현실적 존재를 주인공으로 멜로드라마의 낭만적 사랑의 영속성을 보여주고 있다. 둘의 운명적 사랑을 과거, 현재, 미래의 시간까지 넓혀 사랑을 성취하려는 방식으로 낭만적 사랑의 판타지와 만족감을 제공한다.

중국문학자 최진아는 〈도깨비〉의 신분 높은 김신과 불우한 소녀 지은탁이 중국 재자가인(才子佳人)소설의 뿌리에 해당하는 당나라 전기(傳奇)의 재자가인 구도를 보여준다고 했다.[32] 전기 속의 재자가인은 본래 혼인할 '운명'이 예정되어 있고, 현실의 온갖 어려움을 극복하고 '행복한 결합'을 한다. 〈도깨비〉의 주인공들도 재자가인과 동일하게 운명적 상대이며 행복한 결합으로 끝난다. 따라서 〈도깨비〉의 사랑은 죽음이라는 난관도 극복한 해피엔딩이라는 주장이다.[33]

〈도깨비〉는 언뜻 보면 해피엔딩이 맞다. 하지만 맥락상 비극적 종결이 예측된다. 〈도깨비〉를 끝까지 보고 나면 슬픈 마음이 들게 되는데, 그 이유는 도깨비와 도깨비 신부가 이루어질 수 없는 사랑을 하고 있기 때문이다.[34]

〈도깨비〉에서 인간은 총 네 번의 생을 산다고 되어 있다. 아마도 불교의 생사관을 반영한 설정일 것이다. 지은탁은 죽은 후 환생하여 두 번째 생에서 도깨비를 찾아와서 만났다. 이제 지은탁이 김신을 찾아올 남은 기회는 두 번인데 그것마저 다 소진하면 어떻게 될 것인가. 유한한 삶을 사는 인간은 불멸의 존재와 영원한 사랑을 하기 어렵다. 그렇기에 둘의 사랑은 '쓸쓸하고 찬란하神 도깨비'라는 드라마의 제목처럼 '찬란'하지만 죽음으로도 완성 불가능한 '쓸쓸한' 사랑이 될 수밖에 없다. 〈도깨비〉가 궁극적으로 비극적 결말에 도달할 수밖에 없고, 〈별그대〉와 마찬가지로 〈도깨비〉도 현실적 측면에서 새드엔딩 유형으로 분석될 수밖에 없는 이유다.[35]

드라마의 결말은 모든 사건이 마무리되고 인물의 운명이 결정되면서 주제가 드러나고 전체 분위기를 좌우하며 드라마에 대한 평가가 결정되는 가장 중요한 부분이다. 〈도깨비〉의 열린 결말은 주제와 드라마 분위기에 정점을 찍는다. 〈도깨비〉는 마지막 장면에서 두 번째 재회가 성사되었지만, 이야기 종결의 가능성은 엔딩 바깥으로 열려 있다. 이로써 시청자에게 "영원불멸"하지만 "슬픈", 안타깝고 서글픈 낭만적 사랑의 감흥을 설득력 있게 전달하며 미적 완성도를 높이고 있다.

〈별그대〉와 〈도깨비〉의 주인공들은 영원한 사랑을 추구하지만 그 사랑은 한시적이다. 이것은 그들이 아무리 초월적 존재라고 해도 용인할 수밖에 없는 부동의 사실이다. 그럼에도 도민준은 웜홀을 통해 끝없이 천송이 곁으로 돌아오려 하고, 김신은 지은탁이 네 번째 생을 다한다고 해도 영원히 지은탁을 기다릴 것처럼 느껴진다. 주인공들은

‘시간을 초월하는 불변의 것을 추구’한다. ‘패배 속에서도 승리를 경험하는 비극적 인간 유형’과 겹쳐 보인다.[36] 이들 주인공은 로맨틱코미디의 근원인 멜로드라마의 유형적 인물이 가진 단일한 정서를 넘어 비극의 복합적 정서를 보여주는 캐릭터에 가깝다고 할 수 있다.

## 낭만적 사랑의 판타지를 강화시키는 엔딩 변형의 효과

로맨틱코미디드라마의 해피엔딩은 이제 고정적이 아니다. 판타지의 초월적 캐릭터를 활용하여 견고한 해피엔딩을 변형한 〈별그대〉와 〈도깨비〉의 열린 결말은 무엇보다 낭만적 사랑의 판타지를 강화하는 효과를 얻고 있다.[37]

낭만적 사랑은 사랑하는 두 사람이 영원히 함께하고 싶어 하지만 그 사랑이 현실에서는 불가능하기에 서글프게 끝날 수밖에 없다. 분석심리학자 융(C. G. Jung)의 이론을 빌리면 낭만적 사랑은 상대방 자체를 사랑하는 것이 아니라 무의식의 아니마(anima)·아니무스(animus)를 운명으로 포장하여 서로에게 투사한 결과다. 아니마는 남성 무의식의 여성성, 아니무스는 여성 무의식의 남성성이다. 즉, 낭만적 사랑은 실제의 남성이나 여성을 사랑하는 것이 아니라 그 사람 내면의 반대 성의 요소를 현실의 존재에게 투사하여 사랑하는 것이기에 비극일 수밖에 없다.[38] 하지만 사랑하는 남녀는 서로 투사하는 동안 하나가 되어 완전하다는 느낌을 받는다. 투사 대상이 바로 잃어버린 내면의 나이기 때문이다. 드라마는 이런 낭만적 사랑의 모습을 극적으로 보여준다.

〈별그대〉의 천송이는 도민준과 함께 누워 “완벽하게 행복하다”라고 말하고, 〈도깨비〉의 지은탁은 김신과 결혼한 후 그의 품 안에서 깨어나 "완벽한 하루"라고 말한다. 하지만 천송이가 완벽하다고 말하는 순간 도민준은 사라지고, 지은탁이 완벽하다고 말한 그날, 교통사고로 죽어 김신과 이별한다. 이는 완전하게 느껴지는 낭만적 사랑은 투사의 결과이며, 실현 불가능한 사랑이라는 것을 은유적으로 전달하는 사건이다.

낭만적 사랑의 딜레마는 특히 〈도깨비〉에서 더욱 선명하게 사건화된다. 김신의 검(劍)이 처음에는 지은탁의 손에 잡히지 않다가 사랑이 깊어지자 잡히기 시작하고, 서로가 사랑하여 헤어지지 않으려고 하자 결국 이별하는 역설의 상황이 벌어진다. 이런 때 전통적인 낭만적 사랑 이야기는 주인공이 죽음으로써 그 모순을 해소하는 경우가 많다. 주인공이 죽어야 영원한 사랑을 간직할 수 있기 때문이다. 그런데 〈도깨비〉는 죽음 그 이상으로 나아간다. 남녀 주인공이 각각의 죽음을 거쳤음에도 영원한 사랑의 욕망이 여전히 가능하다는 것을 열린 결말로 보여주고 있다.

〈도깨비〉 인물들의 사랑에 대한 욕망이 시청자의 무의식을 움직여 그 비극에 함께 가슴 아파하는 이유는 우리 자신의 '원초적 상실감'이 연결되어 있기 때문이다.[39] 앞에서도 말했지만, 낭만적 사랑은 '잃어버린 내면의 나'를 투사한 사랑이기에 잡히지 않는 허상이고, 따라서 비극적 결말에 이를 수밖에 없다. 두 작품의 이야기가 중단되는 시점은 모두 해피엔딩의 분위기이지만 궁극적으로는 새드엔딩을 내포하기에 시청자는 낭만적 사랑의 충족감과 동시에 애절함과 처연함을 전달받을 수밖에 없다.

우리는 드라마를 보면서 결말을 향해 지속적으로 쌓아온 기대를 충족하고 만족할 만한 답을 얻은 후에 감상을 끝내고 싶은 완결 욕구

(closure principle)가 있다. 따라서 스토리에서 제시된 질문과 문제에 해답과 해결책을 제시하는 닫힌 결말이 됐을 때 안도감을 느낀다. 반면 열린 결말은 미완성의 느낌을 줌으로써 다양한 해석의 여지를 제공한다.[40]

〈별그대〉와 〈도깨비〉의 열린 결말은 '드라마가 끝난 후에도 주인공들의 사랑이 어떻게 지속될 수 있을까?'라는 궁금증을 불러일으킨다. 시청자의 "완결 욕구를 자극하여 엔딩 후에도 드라마를 떠나지 못하게 하고 잠재적인 스토리를 상상하며 작품의 여운에 젖게"[41] 한다. 두 작품이 신드롬 같은 인기를 얻은 이유 중 하나는 시청자에게 재미의 최종 단계인 동경(憧憬)을 불러일으켰기 때문일 것이다. 동경은 부가가치를 창출시켜 경제적 효과를 거두게 하는 중요한 요소다.[42]

포스트네트워크 시대의 고품질 드라마들은 이야기에 의도적으로 공백을 남김으로써 시청자의 적극적인 개입과 해석을 이끌어내며 충성도를 높인다.[43] 즉, 열린 결말을 일종의 전략으로 활용해 이야기의 완성도를 높이려고 한다. 〈별그대〉와 〈도깨비〉는 공감할 수 있는 초현실적 캐릭터를 출현시켜 개연성 있는 열린 결말을 만듦으로써 익숙한 것을 새롭게 보이도록 했다. 두 작품의 이야기 품질을 높이는 데는 이런 결말이 큰 역할을 했다고 할 수 있다.[44]

## 로맨틱코미디의 장르 변동 가능성을 보여주는 해피엔딩의 변형

대중예술은 제작의 효율성을 높여주고 경제적 수익을 안정적으로 보장해주는 장르에 대중이 좋아하는 표본을 제시하며 초월적인 지위를 부여한다. 그러나 시간이 흐르면서 그 표본들은 공통점을 상실한다.

특히 대중예술은 작품의 외부 환경 변화나 시대와 대중의 요구에 민감하게 반응하기 때문에 장르의 변화 속도가 더욱 빠르다. 어떤 한 장르가 풍미했다고 해도 어느새 장르 공식과 충돌하는 새로운 표본이 등장한다.[45] 2000년대 로맨틱코미디드라마에서 해피엔딩 공식이 반복되자 2010년대에 들어와 판타지를 융합한 〈시크릿 가든〉, 〈별그대〉와 〈도깨비〉가 출현한 것이 그 예일 것이다.

크레인(Crane)에 의하면 "장르는 관습(convention)과 창조(invention)의 역동이 만들어내는 산물이다".[46] 대중문화에서 장르의 범주는 보편적인 것이 아니라 역사적 변천 속에서 문화적으로 창조되며 종류나 형식은 바뀔 수 있다.[47] 어떤 한 장르가 만들어졌다고 해도 다른 장르와 계속 교류하고 접속하면서 바뀌고, 그러면 그 장르는 점차 모호한 상태로 변질되고 불명확해지기 마련이다.

로맨틱코미디는 멜로드라마의 유형적 또는 고정적 캐릭터의 로맨스를 코미디 양식으로 풀어내는 구성 중심의 장르다. 따라서 제목과 인물은 바뀌어도 이야기의 차별성이 부족하다는 비판을 면하기 어려웠다. 〈별그대〉와 〈도깨비〉도 이야기의 큰 줄기는 기존 로맨틱코미디의 문법과 다르지 않다. 〈도깨비〉조차도 먼저 나온 〈별그대〉의 구성을 따라가면서 갈등을 이중 삼중으로 복잡하게 비틀어 배치했음을 알 수 있다.

하지만 분명한 것은 로맨틱코미디에 초월적 캐릭터를 주인공으로 하는 판타지 장르가 융합되면서 인물이 단순한 자동적 기능으로 전락할 가능성이 축소되었다. 독창적인 캐릭터 특성을 개연성 있게 활용해 빤한 로맨틱코미디가 아니라 새로운 가능성이 있는 이야기와 결말을 만들 수 있게 된 것이다. 그 결과 드라마의 품질도 높이고, 주제의 여운도 남길 수 있게 되었다.

〈별그대〉와 〈도깨비〉처럼 개별적인 드라마 작품이 변화하기 시작하면 로맨틱코미디의 장르 공식도 변동의 가능성이 있다. 이때 놓치지 말아야 할 것이 로맨틱코미디의 뿌리가 멜로드라마라는 점이다. 멜로드라마는 대중의 기호를 의식하여 오랫동안 장르 혼성의 주체 혹은 객체로서 탈장르를 지향해온 복합적 형태의 극예술이다.[48] 멜로드라마 장르의 근원적 특성에서 로맨틱코미디의 장르 공식에 대한 사고의 전환과 장르 변동의 가능성에 대한 아이디어를 얻을 수 있을 것이다.

혼성성을 추구하는 멜로드라마는 지속적으로 타 장르들을 받아들이면서 내용과 형식, 명칭까지 초창기의 멜로드라마와는 완전히 다른 양상으로 변질했다. 멜로드라마의 코미디 요소를 받아들인 로맨틱코미디는 멜로드라마의 낭만적 사랑의 소재를 코미디로 풀어내어 비극적 결말 대신에 해피엔딩의 장르 공식을 수립했다. 그러나 성공적인 장르 혼합은 핵심적인 이야기의 방향을 잃지 않는 범주 내에서 개별 장르의 특성을 제대로 살리는 방식이 중요하다.[49] 즉, 로맨틱코미디가 코미디 양식이라고 해서 무조건 해피엔딩이 되어야 하는 것이 아니라 개연성 속에서 로맨틱코미디의 특성을 살릴 수 있어야 한다. 〈별그대〉와 〈도깨비〉는 로맨틱코미디에 초월적 캐릭터에 의한 판타지를 융합한 결과 장르의 본원인 멜로드라마의 비극적 특성을 되살려 견고한 해피엔딩의 결말 공식에 변화를 가할 수 있게 되었다.

드라마 창작자는 대개 장르 공식에 익숙한 시청자의 기대에 크게 벗어나지 않는 범위에서 창조적 변화를 꾀한다. 익숙하지만 낯설게 하는 방식으로 변화를 시도하는 경우가 많다. 이 과정에서 장르는 전통을 따르면서도 시청자의 욕구에 맞추어 조금씩 변화하고, 어느 시기에 이르면 새로운 장르가 탄생한다.[50] '로맨틱코미디'라고 하면 공식과도 같은 장면, 시청각적인 이미지, 이야기 패턴이 떠오른다. 그만큼 로맨틱코미디는 장르 규정이 강하고 중요시되지만, 두 작품을 통해 살펴보았듯이 장르 변동의 가능성을 엿볼 수 있다.

미디어 플랫폼 전쟁 속에서 수많은 영상콘텐츠가 넘치고 시청자의 입맛은 날로 까다로워지고 있다. 장르 공식을 답습하는 드라마는 낡았다고 백안시하고, 장르를 벗어나면 생소하다고 비판한다. 이러한 때에 대안으로 기존의 인기 장르에서 변형을 시도하는 것은 장르의 위기에 대처할 수 있는 효과적이고 실용적인 방안이 될 수도 있다.

두 작품 이후 여러 로맨틱코미디드라마가 해피엔딩을 위한 작위적인 설정이나 폐쇄적인 해피엔딩보다 개연성 있는 결말을 채택하고 있음이 확인된다. 중국에서 신드롬을 일으킨 〈태양의 후예〉(2016), 여자 귀신과 인간 남성의 로맨스를 다룬 〈호텔 델루나〉(2019), 일본의 4차 한류를 점화한 〈사랑의 불시착〉(2020) 등은 로맨틱코미디이지만 해피엔딩 분위기의 열린 결말로 끝난다.

## 글로벌을 겨냥한 한국 로맨틱코미디드라마가 나아가야 할 길

넷플릭스의 스트리밍 수위를 차지했던 한국 드라마 중 로맨틱코미디드라마가 적지 않다. 로맨틱코미디는 한류를 선도해온 대표적 장르이고, 최근까지도 변함없는 인기를 누리고 있다. 한국 드라마의 위상을 지속하기 위해서는 미디어의 변화 등 외부 환경을 넘어서 드라마 스토리텔링 자체의 완성도와 품질을 높이는 것이 중요하다. 그러나 해피엔딩의 강박 속에서 로맨틱코미디는 진부한 결말 공식을 반복해왔다. 하지만 국내외에서 큰 인기를 누린 〈별그대〉와 〈도깨비〉는 기존의 장르 공식을 대부분 반영하면서도 초월적인 남성 캐릭터를 등장시켜 엔딩에 변화를 가한다. 시간의 유한성을 뛰어넘으면서도 인간화의 추구가 불가능해 보이는 초월적인 캐릭터는 정형화된 이야기와 결말을 변형시킨 일등공신이다.

미디어의 급변화로 전 세계의 시청자가 다양한 플랫폼을 통해 각양각색의 수많은 콘텐츠를 접하고 있다. 무엇보다 중요한 것은 콘텐츠의 스토리다. 콘텐츠 창작의 핵심 요소인 스토리에 대한 수요가 확장되고 있는 이 시대, 한국 드라마의 영향을 지속하기 위해서는 드라마의 내적 경쟁력인 스토리텔링에 주목할 필요가 있다. 글로벌 시대, 중요한 스토리텔링의 생존 공식, 끝이 좋아야 다 좋다는 원칙을 잊지 말아야 할 이유다!

1 이다운, 『한국 텔레비전드라마의 대중서사전략에 대한 비판적 고찰』, 충남대학교 박사학위논문, 2017, 219쪽.

2 한류드라마를 고전문학의 재생산으로 분석한 연구에 의하면, 로맨틱코미디는 재자가인소설 유형으로 분류되며 그 특징 중 하나가 해피엔딩의 대단원(大團圓)이다(권도경, 「동남아 한류드라마의 한국고전문학 재생산과 한(韓)·동남아 서사코드」, 『아태연구』 20(1), 경희대학교 국제지역연구원, 2013, 144-145쪽). 이 맥락에서 필자도 〈태양의 후예〉를 분석한 바 있다(김공숙, 「한류 로맨스 드라마 캐릭터와 재자가인(才子佳人) 비교연구: 〈태양의 후예〉 캐릭터를 중심으로」, 『디지털영상학술지』 15, 한국디지털영상학회, 2018, 10쪽).

3 한국국제문화교류진흥원, 「2019 해외한류실태조사」, 52쪽.

4 〈별그대〉를 멜로드라마로 본 연구(백경선, 「초능력자 남성 주인공과 멜로드라마 캐릭터의 확장: 텔레비전드라마 〈너의 목소리가 들려〉와 〈별에서 온 그대〉를 중심으로」, 『한국극예술연구』 61, 한국극예술학회, 2018, 303-331쪽), 〈별그대〉와 〈도깨비〉를 판타지 멜로로 구분한 연구(이예지, 「변동하는 사회, 공진화하는 텔레비전 멜로드라마: 판타지 멜로드라마 〈별에서 온 그대〉 〈푸른 바다의 전설〉 〈쓸쓸하고 찬란하神-도깨비〉의 텍스트 분석을 중심으로」, 2017, 서강대학교 석사학위논문), 〈도깨비〉를 '신데렐라 드라마'로 명명한 연구가 있다(임다빈, 「김은숙 신데렐라 드라마의 도식적 내러티브 분석: 〈파리의 연인〉, 〈시크릿 가든〉, 〈상속자들〉, 〈도깨비〉를 대상으로」, 2019, 서강대학교 석사학위논문).

5 김공숙, 「〈별에서 온 그대〉에 나타난 중국 애정서사의 원형(原型)과 변용」, 『한국학연구』 57, 고려대학교 한국학연구소, 2016, 5-36쪽.

6 2006년부터 2018년 9월까지 한국 드라마 1,132편을 분석해 변화상을 정리하면 첫째, 판타지적 비인간 생명체와 초자연적 현상 소재의 유행 둘째, 판타지와 미스터리 장르의 부상과 장르 복합화 증가 셋째, 원본 텍스트의 다변화 넷째, 범죄수사극의 재부상 다섯째, 시즌제의 유행이다(정영희, 「2000년대 중반 이후 한국 텔레비전 드라마 연구: 지상파, 케이블·종편의 장르 및 소재를 중심으로」, 『한국방송학보』 33(5), 한국방송학회, 2019, 221-252쪽).

7 이다운, 『한국 텔레비전드라마의 대중서사전략에 대한 비판적 고찰』, 충남대학교 박사학위논문, 2017; 박노현, 『드라마, 시학을 말하다』, 휴머니스트, 2017, 272-279쪽; 조윤숙, 「열린 결말의 여운에 기여하는 서사의 다층 구조 및 클리프행어 기법 분석: 드라마 '달의 연인-보보경심 려'의 엔딩 씬을 중심으로」, 『한국영상학회 논문집』 19(2), 한국영상학회, 2021, 5~18쪽.

8 최영묵·주창윤, 『텔레비전 화면 깨기』, 한울아카데미, 2008.

9 윤석진·박상완·권양현, 「한국 텔레비전 장르드라마 연구」, 『건지인문학』 18, 전북대학교 인문학연구소, 2017, 159-188쪽.

10 멜로드라마(melodrama)는 그리스어 '노래(melo)'와 '극(drama)'이 결합된 용어다. 18~19세기 유럽에서 유행한 음악이 혼합된 연극으로 대중의 기호에 부합하는 통속극을 지칭한다.

11 이다운, 「멜로드라마의 관습적 장르 규정에 대한 비판적 고찰」, 『現代文學理論研究』 45, 현대문학이론학회, 2011, 330쪽.

12 서곡숙, 「2000년대 전반기 로맨틱 코미디영화의 인지전략 분석: 〈좋은 사람 있으면 소개시켜 줘〉와 〈오!해피데이〉를 중심으로」, 『영화연구』 26, 한국영화학회, 2005, 211쪽.

13 로버트 A. 존슨, 고혜경 옮김, 『We: 로맨틱 러브에 대한 융 심리학적 이해』, 동연, 2008, 13쪽.

14 Karnick, Kristine Brunovska and Henry Jenkins, 1995, p. 49; 윤성은, 『1990년대 이후 한국 로맨틱 코미디 영화의 변형 양상과 요인에 관한 연구』, 한양대학교 박사학위논문, 2001, 23쪽 재인용.

15 윤성은, 『1990년대 이후 한국 로맨틱 코미디 영화의 변형 양상과 요인에 관한 연구』, 한양대학교 박사학위논문, 2001, 15-16쪽.

16 스티브 닐, 프랭크 크룬트니크, 강현두 옮김, 『세상의 모든 코미디』, 커뮤니케이션스북스, 1996, 56-58쪽.

17 박노현, 『드라마, 시학을 말하다』, 휴머니스트, 274-276쪽.

18 윤석진, 「텔레비전드라마 〈시크릿 가든〉의 경제적 타자성과 판타지 장치」, 『대중서사연구』 24(1), 대중서사학회, 2018, 366쪽.

19 박노현은 〈시크릿 가든〉은 〈내 이름은 김삼순〉을 '상호텍스트로서 은밀하게 덮어쓰기'하여 엔딩 또한 매우 유사하다고 보고 있다(박노현, 「'덮어쓰기'와 '불러오기', 상호텍스트적 스토리텔링: 미니시리즈 〈시크릿 가든〉과 〈신사의 품격〉을 중심으로」, 『상허학보』 38, 상허학회, 2013, 313-323쪽). 필자는 〈시크릿 가든〉이 〈내 이름은 김삼순〉을 차용했지만 이를 변형했다고 본다. 무엇보다 〈시크릿 가든〉은 2010년대 로맨틱코미디드라마의 엔딩 외에도 판타지 도입 등 이후 드라마에 많은 영향을 끼친 획기적 작품이라고 볼 수 있다.

20 〈내 여자친구는 구미호〉는 구미호와 인간 남성의 로맨스를 다루지만 정형화된 해피엔딩이다.

21 〈시크릿 가든〉이 2010년대 로맨틱코미디드라마의 엔딩 변형을 보여주고 있기에 이 작품에서부터 엔딩 변형의 의미를 찾아야 한다고 생각할 수 있다. 그러나 〈시크릿 가든〉은 인물의 특성이나 의도와 관계없이 영혼 교체의 초자연적 사건이 일어나고, 영혼 교체 사건은 남녀가 서로를 깊이 이해하는 효과적 수단으로 작용했을 뿐 엔딩의 변화에 아무런 영향도 주지 못했다. 반면 〈별그대〉와 〈도깨비〉는 '캐릭터'의 신이성(神異性)이 엔딩 변화의 결정적 요인이다. 이 글은 두 작품의 판타지성으로 인한 개연적 엔딩 변형에 초점을 두고 이의 구체적 전개와 효과를 분석하고자 한다.

22 장은진, 『한국 TV 드라마의 신이(神異) 캐릭터 연구: 2010년 이후 방영된 드라마를 중심으로』, 고려대학교 박사학위논문, 2020, 100쪽.

23 백경선, 「초능력자 남성 주인공과 멜로드라마 캐릭터의 확장: 텔레비전드라마 〈너의 목소리가 들려〉와 〈별에서 온 그대〉를 중심으로」, 『한국극예술연구』 61, 한국극예술학회, 2018, 303쪽.

24 이수연, 『한류드라마와 아시아 여성의 욕망』, 커뮤니케이션북스, 2008, 51쪽.

25 https://cafe.daum.net/ygy2317/K3Ri/140, 2014, 검색일: 2021.10.17.

26 김공숙, 「〈별에서 온 그대〉에 나타난 중국 애정서사의 원형(原型)과 변용」, 『한국학연구』 57, 고려대학교 한국학연구소, 2016, 30쪽.

27 Taha, I., 1998, pp. 1-23; 조윤숙, 「열린 결말의 여운에 기여하는 서사의 다층 구조 및 클리프행어 기법 분석: 드라마 '달의 연인-보보경심 려'의 엔딩 씬을 중심으로」, 『한국영상학회 논문집』 19(2), 한국영상학회, 2021, 9쪽 재인용.

28 김공숙, 「〈별에서 온 그대〉에 나타난 중국 애정서사의 원형(原型)과 변용」, 『한국학연구』 57, 고려대학교 한국학연구소, 2016, 30쪽.

29 이다운, 『한국 텔레비전드라마의 대중서사전략에 대한 비판적 고찰』, 충남대학교 박사학위논문, 2017, 211-212쪽.

30 https://cafe.daum.net/ygy2317/K84u/94, 2017, 검색일: 2021.10.17.

31 https://cafe.daum.net/ygy2317/K84u/109, 2017, 검색일: 2021.10.17.

32 최진아, 「도깨비의 귀환: 드라마 '도깨비'에 내재한 韓·中 전통 괴담서사의 원리」, 『중국문학연구』 67, 한국중문학회, 2017, 8-12쪽.

33 장은진, 『한국 TV 드라마의 신이(神異) 캐릭터 연구: 2010년 이후 방영된 드라마를 중심으로』, 고려대학교 박사학위논문, 2020, 136쪽.

34 김수영, 「드라마 캐릭터에 실린 이야기의 힘: 〈쓸쓸하고 찬란하神 도깨비〉를 중심으로」, 『스토리&이미지텔링』 13, 국학자료원, 2017, 67-68쪽.

35 권도경, 「2010년대 전후 한류드라마 영화콘텐츠의 몽유(夢遊)고전서사원형 재매개화에 따른 현대적 이본 산생의 통시적 맥락과 차별적 향유의식」, 『아세아연구』 62(1), 고려대학교 아세아문제연구소, 2019, 44쪽.

36 윤석진, 『한국 멜로드라마의 근대적 상상력: 멜로드라마, 스캔들 혹은 로맨스』, 푸른사상, 2004, 25쪽 참조.

37 〈내 이름은 김삼순〉이 첫사랑과 운명론을 의심하고 사랑의 유한함과 불완전함으로 선회하는 열린 결말로 낭만적 사랑의 현실을 보여주어 신선함을 준 것과는 반대의 효과를 노린 것이라고 할 수 있다.

38 이성 간의 사랑에서 강렬한 황홀감을 일으킬 때 혹은 상대방이 세상에 둘도 없는 존재로 인식될 때 언제나 남성의 아니마와 여성의 아니무스 원형의 투사가 일어나고 있다(이부영, 『분석심리학: C. G. Jung의 인간심성론』, 일조각, 2004, 88쪽).

39 김수영, 「드라마 캐릭터에 실린 이야기의 힘: 〈쓸쓸하고 찬란하神 도깨비〉를 중심으로」, 『스토리&이미지텔링』 13, 국학자료원, 2017, 69쪽.

40 조윤숙, 「열린 결말의 여운에 기여하는 서사의 다층 구조 및 클리프행어 기법 분석: 드라마 '달의 연인-보보경심 려'의 엔딩 씬을 중심으로」, 『한국영상학회 논문집』 19(2), 한국영상학회, 2021, 7쪽.

41 조윤숙, 「열린 결말의 여운에 기여하는 서사의 다층 구조 및 클리프행어 기법 분석: 드라마 '달의 연인-보보경심 려'의 엔딩 씬을 중심으로」, 『한국영상학회 논문집』 19(2), 한국영상학회, 2021, 6쪽.

42 재미의 단계는 흥미, 쾌감, 몰입, 그리고 마지막이 동경이다. 콘텐츠가 사용자의 동경을 성취할 때 부가가치와 연결될 수 있다(이현비, 『재미: 콘텐츠 창작과 분석, 이해에 관한 개념』, 지성사, 2016, 153쪽).

43 김영훈, 「포스트네트워크시대 텔레비전 드라마 연구」, 『현대영미어문학』 38(1), 2020, 51쪽.

44 열린 결말이 드라마의 상업적 성공 요인과 직접적으로 연관되는지 여부는 이 글의 요지와 거리가 있음을 밝힌다.

45 이다운, 「멜로드라마의 관습적 장르 규정에 대한 비판적 고찰」, 『現代文學理論研究』 45, 현대문학이론학회, 2011, 329쪽.

46 Crane, D., *The Production of Culture: Media and Urban Culture*, London: Sage, 1992, pp. 95-96; 원용진, 「'불륜' 드라마로 읽는 사회 변화」, 황인성·원용진 편, 『애인: TV 드라마, 문화 그리고 사회』, 1997, 83쪽 재인용.

47 R. 알렌 엮음, 김훈순 옮김, 『텔레비전과 현대비평』, 나남, 1992, 168쪽.

48 이다운, 「멜로드라마의 관습적 장르 규정에 대한 비판적 고찰」, 『現代文學理論研究』 45, 현대문학이론학회, 2011, 327-343쪽.

49 윤석진, 「문학 장르의 경계와 지평: 영상예술시대 극예술 장르에 관한 시론: 2000년대 후반 TV드라마를 중심으로」, 『現代文學理論研究』 44, 현대문학이론학회, 2011, 90~91쪽.

50 원용진, 「'불륜' 드라마로 읽는 사회 변화」, 황인성·원용진 편, 『애인: TV 드라마, 문화 그리고 사회』, 1997, 83쪽.

이 글은 필자의 논문(「로맨틱코미디드라마의 서사 특징과 결말 변형의 함의: 〈별에서 온 그대〉와 〈도깨비〉를 중심으로」, 『다문화콘텐츠연구』 37, 2021.08)을 수정·개작한 것이다.

# 중국 OTT 드라마 〈겨우, 서른〉은 어떻게 한국 여성들의 마음을 사로잡았나?

이현민

## OTT 스토리텔링 생존 공식 3: 해외 시장을 겨냥할 핵심 공감대를 만들라!

방송용 콘텐츠와 OTT 서비스의 스토리텔링 공식이 달라지고 있다. 분절 없는 빠른 스토리 전개는 몰아보기 최적화 서비스인 OTT 콘텐츠에 필수다. 이와 더불어 최근의 추세는 흡입력 있는 스토리가 OTT 매체라는 날개를 달아 해외 시장을 겨냥하는 것이다. 공감대 높은 서사 구성은 해외 시장 제패를 위한 필수 생존 공식이다. 중국 OTT 드라마 〈겨우, 서른〉은 여성이라면 누구나 공감할 수 있는 핵심 스토리 전개로 콘텐츠 글로벌화의 성공 사례로 손꼽히고 있다.

## OTT 서비스의 성장

OTT 서비스의 비약적 성장으로 시청자의 드라마 선택 폭이 매우 넓어졌다. 국내외 다양한 콘텐츠를 비교적 자유롭고 손쉽게 이용할 수 있게 된 것이다. 얼마 전까지만 해도 이용자가 직접 해당 작품에 대한 판권료가 포함된 전체 비용을 지불한 뒤 콘텐츠를 다운로드하여 시청하거나, 방송사가 판권료를 지불해 구입한 작품을 방송을 통해 시청하는 등 작품별로 대가를 지급해야 하는 방식이었다. 하지만 이제는 OTT 플랫폼을 통해 월별·연별 이용료를 지급하여 판권(저작권)에 대한 걱정 없이 자유롭게 무제한 이용할 수 있는 콘텐츠가 늘어난 것이다. 시간과 장소에 구애받지 않고 콘텐츠를 즐기는 OTT 이용자의 증가는 콘텐츠 제작에도 직접적인 영향을 미치고 있다.

마셜 매클루언은 매체와 인간 인식의 구체적인 메커니즘을 설명하기 위해 쿨미디어와 핫미디어 개념을 도입했는데, 방송용 드라마가 쿨미디어라면 OTT 드라마는 현재적 의미의 핫미디어로 평가할 수 있다.[1] TV용 방송과 OTT의 매체적 차이는 OTT 드라마가 기존의 TV 드라마와 다른 전략을 추구해야 함을 강조한다. OTT 플랫폼이 가진 특성에 맞게 새로운 서사 전략[2]을 적용해야 하는 것도 이 때문이다.[3] 예를 들어 다양한 OTT 플랫폼에서 자체 제작 콘텐츠를 제공하고 있는데, 하나의 시즌을 동시에 전편 공개할 수 있다는 이점은 드라마의 서사 전략에 결정적인 영향을 미칠 수 있다.

특히 넷플릭스는 유료 OTT의 선두주자로 2007년부터 인터넷 스트리밍 서비스의 사업 영역을 확장했다. 2020년 3분기 기준 넷플릭스 전 세계 유료 가입자는 1억 9,500만 명에 달한다. 이처럼 넷플릭스가 빠르게 성장할 수 있었던 원동력은 현지화된 독점 콘텐츠 때문이다.

넷플릭스는 지난 2016년 한국 진출 이후 현재까지 〈스위트홈〉, 〈킹덤〉, 〈인간수업〉 등 다양한 장르의 한국 오리지널 시리즈 70여 편을 전 세계 190여 개국에 선보였다. 2015년부터 현재까지 국내에 투자한 금액만 약 7,700억 원(7억 달러)에 달한다.[4]

넷플릭스는 '넷플릭스 오리지널'이라는 자체 제작 콘텐츠로 OTT 시장의 새로운 판로를 개척하고 있는데, 이 자체 제작 콘텐츠는 OTT 드라마만이 가질 수 있는 이점을 최대한 살려 제작하고 있다. 이는 OTT라는 매체 형식을 통한 마케팅 전략뿐만 아니라 드라마의 내용과 형식도 OTT라는 새로운 매체의 활용과 함께 완전히 새로운 전환점을 맞고 있다는 것을 의미한다.

자체 제작 드라마의 경우 현지화 전략이 수립되며, 한 회씩 기다려야 했던 통신망 드라마와 달리 시즌 전편이 동시 공개되는 콘텐츠의 특성을 고려하여 그에 맞는 서사 전략도 새롭게 수립되고 있다. 아시아 지역에 현지화된 넷플릭스 오리지널 자체 제작 드라마의 경우, 아시아인의 사회문화적 공감대를 자극하는 서사를 전면에 배치하여 큰 인기를 끌고 있다.

최근 한국 넷플릭스에도 서비스되고 있는 중국 드라마 〈겨우, 서른(三十而已)〉[5]이 그 대표적인 예다. 2016년 중국의 닝멍픽쳐스(檸檬TV)가 제작한 중국 현실 소재 도시극으로, 국내 시청자에게는 다소 생소한 드라마 장르다. 2019년 중국 텐센트(腾讯)를 중심으로 첫 방송을 시작했고, 방영 이틀 만에 중국 TV 시청률 1%를 돌파했는데, 중국의 시청률 1%는 소위 대박 기록으로 평가받는다. 〈겨우, 서른〉은 방영 이후 중국 내 67억 조회 수를 기록했고, '2020 중국에서 가장 많은 인터넷 시청 조회 수'를 기록하는 수작으로 평가된다. 이후 넷플릭스 대만을 거쳐 넷플릭스 한국에까지 상륙하여 넷플릭스 오리지널로 한국 시청자를 만나고 있다. 〈겨우, 서른〉은 넷플릭스 국내 인기 드라마 순위 상위에 자리매김하며 큰 화제를 모으고 있는데, 그 이유는 OTT 드라마의 새로운 전략과 이를 통한 한중 여성 시청자의 사회문화적 공감대를 불러일으켰기 때문이라 할 수 있다.

그렇다면 OTT 드라마 〈겨우, 서른〉은 어떻게 한중 여성들의 눈길을 사로잡았는가? 한중 여성들이 겪고 있는 사회문화적 이슈를 드라마가 어떻게 표현하고 있으며, 어떠한 공감대를 불러일으키고 있는지 분석할 수 있다. 이를 통해 앞으로 국내 콘텐츠 시장을 넘어 전 세계 시장을 위한 OTT 드라마의 제작에 어떠한 서사 전략이 필요한지 고민해볼 수 있다.

## OTT 드라마 〈겨우, 서른〉은 무엇이 다른가?

〈겨우, 서른〉은 화려한 상하이를 배경으로 그들만의 인생을 살아가는 세 여성의 우정, 사랑, 가정생활, 직장 생활을 담고 있는 현실 소재 도시극이다. 주인공 세 여성은 일도 연애도 가족 문제도 아직은 서툴고 어렵지만, 좌절하지 않고 서로를 다독이며 희망을 만들어간다. 상하이에 정착하길 바라는 여성 왕만니(王漫妮)는 생활 전선에서 고군분투하는 30대 여성을 대변한다. 전업주부 구자(顾佳)는 가정과 일의 평형을 유지하는 많은 여성이 동경하는 이상적인 30대 여성을 연기했다. 중샤오친(钟晓芹)은 겉으로는 평범하고 안정적인 생활을 하는 것처럼 보이지만, 스스로 성장하고 있는 30대 여성을 대변했다. 세 여성의 현실적인 상하이 생활을 통해 중국의 생활상을 자연스럽게 엿볼 수 있는 OTT 드라마로, 2019년 중국에서 선풍적인 인기를 끌었으며,

[그림 1] 〈겨우, 서른〉(출처: 네이버 이미지 캡처)

2021년 국내 넷플릭스를 통해 방영 중이다.

## 현실 소재 도시극이라는 생소한 장르

국내 드라마의 연구는 유형과 소재에 대한 분류와 분석보다는 드라마의 이데올로기나 담론 분석, 캐릭터 분석이 주를 이루고 있다. 하지만 드라마의 소재가 점차 다양화되면서 유형과 소재에 대한 분류가 명확해져야 하는데, 텔레비전 드라마 소재 구분의 명확한 기준이 없는 실정이다.[6] 일반적으로 1960년대 이후 형식 측면에서 단막극 - 주간극 - 일일극 - 주말극 - 특집·대형극 - 미니시리즈 순으로 변했고, 소재 면에서 계몽·계도, 반공, 새마을극, 농촌극에서 애정·불륜, 근대사, 왕조사, 신세대 애정 등으로 확장되어왔다.[7]

중국 드라마는 유형과 소재가 한국의 드라마와 차이를 보이는데, 특징적인 점은 드라마의 시대와 배경에 따라 드라마의 유형을 우선 분류한다는 점이다. 고대·근대·현대라는 시간 기준의 분류, 시간 분류에 따른 배경(공간) 분류가 선행된다. 그렇기 때문에 한국인에게는 다소 생소한 '도시극(都市劇)'이라는 유형의 장르가 있고, 그중에서도 현실을 소재로 한 도시극, 이른바 현실 소재 도시극이 현재 중국 드라마 시장에서 가장 주목받는 드라마 장르 중 하나임을 확인할 수 있다.[8]

특히 중국 논문에서는 '현실 소재'를 텔레비전 드라마의 형식과 내용 모두에서 구체적 이론을 가진 미학 범주로 간주하고 있다. 그것은 신중국 성립 이래 현대 중국인의 생활을 배경으로 삼고 현대인의 사상과 감정 및 사회적 상황을 반영하는 것을 중심으로 하는 텔레비전 예술 형태로 지칭된다.[9] 우리나라에서는 현실의 반대 개념인 판타지 장르[10]에 대한 연구는 활발하지만, 그 반대 개념인 현실 소재에 대한 명확한 기준은 두고 있지 않다. 따라서 현실 소재는 중국 드라마가 가지고 있는 장르적 특징 중 하나로 파악할 수 있다.

하지만 현실 소재 도시극이라는 소재의 활용은 OTT 드라마 시장이 성장하면서 제작이 급속도로 확대된 드라마 소재 중 하나다. 전파나 케이블, 위성 등을 이용하는 TV 드라마의 경우, 드라마가 대중의 일상 공간에서 소비되는 특징 때문에 남녀노소 시청자의 기호에 맞게 대중성 높은 서사 전략이 선행된다. 특히 중국처럼 인구가 많고 민족이 다양한 나라의 경우, 소재와 주제 선택에서 일상성과 대중성이 가장 중요한 서사 전략의 기준이 된다. 이는 중국의 국가적 특성을 반영하기도 하지만, TV 드라마의 기본적인 매체적 특성 중 하나다.[11]

중국 TV 드라마에 역사물이나 고전 서사가 자주 활용되는 것도 이러한 이유 때문이다. 하지만 OTT 드라마의 경우, 시청자의 망 접근성, 인터넷 활용률 및 대중문화 소비 행태 등에 따라 10대부터 40대 이하의 비교적 젊은 연령층의 동영상 스트리밍 플랫폼의 활용이 높다. 주 시청층이 비교적 넓은 TV 드라마의 서사 전략과는 큰 차이를 보인다.

장르극을 제외하더라도 전문 직업군을 다룬 드라마의 경우 현실 소재 도시극의 주요 소재로 활용되며 시청자의 습관과 취향에 맞게 세분화되어 있다. 대중성보다는 서사가 구체적이고 전문적인 소재는 젊은 층의 큰 사랑을 받고 있다. 중국 시장에서 2019년 인기 드라마 〈도정호(都挺好)〉, 〈소환희(小歡喜)〉, 〈노주관(老酒馆)〉, 〈안가(安家)〉 등은 모두 도시에서 펼쳐지는 전문직의 일상이라는 현실 소재를 다루고 있다. 또한 중국인의 현대 생활을 배경으로 주로 현대인의 사상 및 감정과 사회 상황을 반영하고 현실 시간과 현실 정신을 담고 있다는 공통점을 가지고 있다.[12]

특히 〈겨우, 서른〉의 경우, 넷플릭스를 통해 해외 시장에 독점 공개되면서 현실 소재 도시극의 이점을 적극 활용했다. OTT 드라마의 현실 소재 도시극은 주 시청층의 범주가 좁지만, 트렌드에 민감하고 빠른 젊은 층을 흡수하기에 활용도가 높은 소재다. 상하이를 배경으로 중국 여성들의 개인적인 삶과 직장 생활을 비교적 상세하게 다루는 〈겨우, 서른〉은 현실 소재에 맞게 현재 중국의 모습을 가장 사실적으로 보여준다.

중국에서 가장 번화한 도시, 세계화에 가장 발 빠른 상하이의 풍광은 중국 밖 세계의 여성들에게 다소 생경한 중국의 모습이다.[13] 그뿐만 아니라 중국의 현재를 살고 있는 현지 중국인에게도 상하이라는 대도시가 주는 빠르고 변화무쌍한 생활방식은 다채로운 볼거리를 제공한다. 현실이라는 드라마 소재에 따라 여성 주인공 세 명의 일상생활, 집-일터-휴식 등 전반적인 현실 속 일상의 다양한 사건을 인물 중심으로 서술하고 있다는 것이 이 드라마의 특징이다.

드라마의 전개 속도도 비교적 빠르다. 43부작이라는 긴 호흡에도 불구하고 OTT 드라마의 가장 큰 특징인 '전 회차 동시 공개'의 특징에 따라 사건의 호흡을 짧고 간결하게 구성했다. 그뿐만 아니라 서른을 앞둔 여성의 결혼, 직장 생활, 친구 관계 그리고 중국 고유의 사회적 문제인 후커우(戶口, 호적), 지방 도시와 성급 이상 대도시의 빈부격차 등 사회 문제를 비교적 상세하게 다루고 있어 중국의 현재와 미래에 대해 고민할 수 있는 다양한 서사를 활용하고 있다.

## 내레이션, 주체적 여성의 목소리

〈겨우, 서른〉의 세 여자 주인공은 극 초반에는 각자의 방식대로 살아간다. 극 초반에는 그들의 관계보다는 각자의 삶을 나열하는 데 집중했기 때문이다. 그래서 얼핏 보기에 옴니버스 드라마의 형식을 따르는 것처럼 보인다. 서로가 서로의 존재를 인식하기 전부터 시청자는 그들이 함께할 미래를 예상할 수 있지만, 그들은 자신의 삶에 집중하고 있고 서사는 이를 병렬식으로 나열하고 있다. 서른을 목전에 둔 여성들의 자아 성장은 드라마의 주제 의식이다. 세 명의 여주인공은 내레이션, 즉 개인의 독백을 통해 자신의 심리 상태나 성장 과정을 전달한다. 극이 진행되면서 여자 주인공들의 관계는 주요 성장 동력이 되는데, 이들이 함께 성장해나가는 과정을 세밀하게 구성하고 있다.

극 초반의 내레이션이 삶의 자평과 나열이었다면 극이 진행될수록 주체적인 여성의 목소리를 담는다. 극 중 '왕만니'는 명품 쇼핑몰 판매원으로 생업을 이어가고 있고, 상하이에서 정착하는 것을 목표로 살아가고 있다. 그렇기 때문에 소비자 앞에서 자신의 색깔을 숨겨야 하는 사람이지만, 그런 자신의 삶에 회의를 느낀다. "어른이 되었다는 증거는 듣기 좋은 말은 다른 사람에게 하고, 상처 주는 나쁜 말이나 말 없이 침묵하는 것은 가장 가까운 사람에게 한다는 것이다"라는 왕만니의 독백은 서른이 되면서 완전한 어른으로 성장해나가는 여성들의 심리를 대변하고 있다.

또 전업주부로서 가정의 평화와 행복만을 추구하며 살아가던 '구자'에게 남편의 외도와 사업에 닥친 위기는 삶의 목표를 재편하는 결정적 계기가 된다. "나는 독립이 새로 태어나는 것과 같아서 오직 따스한 햇살과 아름다움만 있을 거라 상상했다. 결국 마음에 남은 건 소소하기 그지없는 것들이었다. 찬 바람이 불고 지나간 호수처럼 누구에게나 무엇이든 흔적이 남기 마련. 아마도 이것이 삶일 것이다. 맞다. 바로 이것이 삶이다." 이 내레이션을 통해 구자는 그동안 자신이 추구했던 삶의 가치를 완전히 재고한다. 여성에게 요구되는 가정에서의 희생보다는 스스로의 주체성 확립을 위해 미래를 도모하고자 하는 여성의 심리를 대변했다.

이처럼 여성 주인공들의 내레이션, 독백은 수많은 여성 시청자의 공감대를 불러일으키는 촉매제가 된다. 내레이션이라는 장치는 여성의 성장 과정을 통한 감정과 고뇌를 빠르고 직접적으로 제시할 수 있다. 중국 OTT 드라마에 1인칭 독백, 내레이션의 활용은 빈번한데, 시청자의 빠른 공감과 인기를 끌어내는 데 결정적인 역할을 한다. 〈겨우, 서른〉 속 세 여자 주인공은 삶의 수많은 변수와 좌절을 겪을 때마다 내레이션을 통해 자신을 되돌아보고, 그 과정에서 세 여성의 우정이 더욱 돋보인다. 이는 여성 시청자의 삶 자체를 대변하거나 담고 있어 빠른 감정이입을 끌어내고, 여주인공과 시청자 자신의 동일시를 통해 드라마 시청의 몰입도를 더욱 높여주는 역할을 한다.

## 액자식 구성으로 깊어진 주제 의식

액자식 구성은 소설과 영화에 종종 등장하는 서사 구성이다. 하지만 TV 드라마와 같이 연속성이 두드러지는 매체[14]의 서사에는 자주 시도되지 않는 구성이다. 다음 회차를 일주일 이상 기다려야 하는 TV 드라마의 특성상 액자식 구성은 서사의 연속성을 방해하고, 주요 서사에서 벗어난 부차적 서사로 시청자의 드라마 몰입을 방해할 수 있다. 액자식 구성은 병렬식 구성, 콜라주식 구성 등의 또 다른 용어로 중국 드라마에서 종종 등장하는 구성 중 하나다. 액자식 구성의 특징은 주인공과 관련 인물들의 부차적 스토리를 담고 있거나, 주인공과 연관성이 높은 에피소드가 주로 배치된다는 것이다. 하지만 〈겨우, 서른〉 속 액자식 구성의 차별점은 주인공들과는 무관한 인물의 이야기를 다룬다는 것이 특징이다.

특히 OTT 드라마의 경우, 전 회차 동시 공개가 가능한 매체적 특성 때문에 액자식 구성의 시도가 가능하며, 이를 통해 드라마의 주제 의식을 더욱 명확히 할 수 있다. 〈겨우, 서른〉 속 액자식 구성은 상하이 길거리에서 노점상을 하는 가족의 이야기가 그 중심인데, 액자마다 독립된 소제목을 달고 있어 짧지만 강렬한 인상을 남긴다. 5분가량의 이야기 속에는 대사나 특별한 서사는 없지만, 노점상을 하며 살아가는 가족의 일상을 자연스럽게 담고 있다. 행복한 가족의 모습은 돈이 행복의 기준이나 절대가치가 될 수 없다는 주제 의식을 담고 있다.

특히 액자식 구성 속 이야기는 해당 회차에서 발생한 세 여주인공의 이야기와 완전히 별개인 것처럼 보이지만, 상세히 살펴보면 연관성이 있는 일상이 자연스럽게 구성된다. 이는 〈겨우, 서른〉의 주요 서사와 액자 서사를 비교하면서 더욱 명확한 주제 의식을 확인할 수 있다. 예를 들어, 아들이 최고급 유치원의 입학 명단에서 제외될 운명에 처하자 구자는 더욱 바빠진다. 문제를 해결하기 위해 온갖 수단과 방법을 동원하는 등 두문불출한다. 하지만 그 과정에서 아들의 의견은 배제되고 오직 엄마의 욕망이 중심이 된다.

반면 길거리 노점상 부부의 아들도 구자의 아들과 동년배인데, 엄마의 장사 트럭 옆에서 유치원도 다니지 않고 항상 함께하는 모습이 그려진다. 하지만 그의 삶은 행복하고, 구자의 아들도 액자식 구성 속에 등장하여 두 남자아이의 행복한 일상도 함께 그려낸다. 이는 아이들만의 천진난만함, 그리고 부모의 욕망과 아이의 행복은 별개임을 자연스럽게 비교하며 주제 의식을 더욱 강화한 것이라 볼 수 있다.

또 액자식 구성에는 〈겨우, 서른〉 주요 서사 속 여주인공들이 자연스럽게 등장하기도 하는데, 내가 살고 있는 세계가 세상의 전부이고, 또 지금의 문제가 해결되지 않으면 세상이 끝날 것 같지만, 그럼에도 세상은 아무 일 없는 것처럼 평온하게 돌아간다는 것을 간접적으로 보여주고 있다. 현재의 위기로 인생이 끝날 것 같지만, 결국 모든 것은 순리에 따라 안정을 찾는다는 주제 의식을 액자식 구성을 통해 더욱 선명히 보여주고 있다.

드라마는 현실을 반영한다. TV 드라마는 대중문화의 장에서 담론 설정의 주도적인 역할을 수행한다. 가족제도나 연애에 이르는 여러 사회적 행동 등에서도 드라마의 영향을 강하게 받는다. 이런 드라마의 사회적 영향에 대해 사회과학계의 학문적 대응은 주로 '영향-수용' 관계의 측면에 논의가 집중됐다.[15]

OTT라는 새로운 매체의 등장은 TV 드라마가 제시하는 사회적 담론을 다루면서도 핫미디어가 가진 매체적 특징을 고려하여 조금 더 구체적인 서사 전략을 구성하고 있다. 특히 OTT 드라마, 현실 소재라는 〈겨우, 서른〉의 매체적 특징은 현대사회가 당면한 현실적 모순과

[그림 2] 주체성을 가진 세 여성 주인공(출처: 二十不惑三十而已, baidu.com)

문제를 더욱 밀도 있게 다룰 수 있게 했다. 사회 문제의 반영은 중국이라는 국가의 특수성에 국한되기도 하지만, 이보다 더욱 본질적이고 동시대적인 서사의 활용을 통해 탈국가적 공감대를 형성하는 데 일조한다.

그중에서도 아시아 여성들이 공감할 수 있는 사회문화적 공감대는 〈겨우, 서른〉의 국내 인기에 견인차 역할을 했는데, 〈겨우, 서른〉의 현실 소재 도시극을 통한 여성 중심 소재의 강화, 내레이션을 통한 여성의 주체성 강화 등 한중 여성의 사회문화적 공감대를 극대화하는 방향으로 서사를 구성했다.

아시아 여성들이 가지는 사회문화적 공감대는 봉건사회의 전통과 동북아시아 유교 전통과 깊은 관련이 있다. 사회와 시대는 변했지만, 뿌리 깊은 전통 사상은 아시아 여성들의 생각과 행동에 꾸준히 영향을 미쳤고, 그 영향은 변화하는 중이지만 현재까지 여성들의 삶에 영향을 미치고 있다.

여성의 사회 진출이 활발해지면서 여성이 사회를 이끌어가는 주류로 성장했는데, 그 속에서 발생하는 인식의 충돌은 사회문화적으로 감내해야 할 성장통 정도로 인식되었다. 하지만 사회 각 분야에 걸쳐 여성의 참여가 확대되고 있는 상황은 텔레비전 드라마의 서사 전략을 수정하도록 유도했다. 그 결과 이제 텔레비전 드라마에서만큼은 전통적인 개념의 남성과 여성의 영역과 역할이 뚜렷이 구별되지 않는다. 오히려 남성과 여성의 위치가 역전되는 상황이 빈번하게 연출되고 있다. 하지만 가부장제 이데올로기가 해체된 것은 아니다. 오히려 더욱 교묘한 방법으로 시청자의 무의식을 파고들고 있다.[16] 이는 국내 드라마만의 특징은 아니며, 한중 드라마에서 볼 수 있는 공통적인 특징 중 하나로 한중 양국의 여성 시청자가 느낄 수 있는 공감대를 형성하는

데 영향을 미치고 있다.

대중매체가 시대상을 반영하고, 특히 드라마 같은 문화콘텐츠가 각 사회의 다양한 모습을 서로 다르게 표현하고 있지만, 그 속에서 공통적으로 내재된 아시아 여성의 사회문화적 공감대를 확인하는 것은 매우 중요하다. 여성의 일상, 사회적 문제, 가정생활의 관계 등이 어떠한 방식으로 표현되고 공감대를 형성하고 있으며, 이에 부합하는 서사 전략이 해외 수출 콘텐츠에 어떠한 영향을 미치는지 확인할 수 있다. 특히 OTT 드라마가 전 세계 각국에 자유롭게 보급되면서 문화적 차이는 더욱 극명하게 나타나지만, 그럼에도 드라마 〈겨우, 서른〉의 인기는 동아시아 문화권인 한국과 중국 여성들의 사회문화적 공감대를 반영하고 있음을 방증한다.

드라마 〈겨우, 서른〉은 치열한 삶을 살아가는 20대 후반 여성의 삶의 의제들을 잘 반영하고 있다. 작품 속에 등장하는 여성에게 씌워진 서른 살이라는 나이에 대한 프레임, 가정생활과 직장 생활 속 자신의 위치, 부부관계, 사회적 성공, 남녀의 사랑과 결혼, 부부관계 등 수많은 의제가 오늘날 중국이 실제로 당면한 문제들을 그대로 반영하고 있다. 하지만 이 문제들이 비단 중국만의 문제가 아닌, 현재를 살아가는 한국 여성들의 삶과도 매우 닮아있다. 따라서 드라마를 시청하는 한중 여성들의 사회문화적 공감대를 끌어낸 의제를 분석하여 작가가 상정한 여성들의 삶의 유형과 현재의 사회문화적 의미를 파악할 수 있다.

## 드라마 〈겨우, 서른〉 제목은 무엇을 의미하는가?

드라마 〈겨우, 서른〉 속 주인공 3인방, 왕만니, 구자, 중샤오친은 서른을 목전에 둔 20대 후반의 여성들이다. 이들은 명품매장 판매원, 전업주부, 백화점 마케팅 직원으로 서로 다른 출신 배경, 성격, 연애관, 가치관을 가지고 있지만 막역한 친구 사이이다. 그들의 배경은 모두 다르지만, 상하이에 거주하는 서른 직전의 여성들로 서로의 아픔을 함께 나누고 보듬으며 살아간다.

그들이 공통으로 당면한 가장 큰 걱정과 고민은 "곧 서른이 되는 여성"이라는 사회적 지위인데, 그들의 고민과 성장통은 이 사회적 지위에서 가장 먼저 시작된다. 서른이라는 나이의 의미는 중국 여성뿐만 아니라 아시아 여성들이라면 누구나 공감하는 사회적 지위에 대한 물음이다. 물론 남성과 여성 모두에게 서른은 이제 어른이 되어야 하는 나이로 간주하는데, 사회에서 본격적으로 자신의 입지를 다져 완전한 독립이 요구되는 시기이기도 하다.

반면 여성은 그 속에서 결혼 유무를 떠나 생물학적 노화를 고민하는 시기이기도 하다. 여성이 사회에서 활발하게 활동한다고 해서 의학적 의미의 '노산'의 기준이 바뀌는 것은 아니듯, 여성과 남성의 생물학적 차이에서 존재할 수밖에 없는 '서른'의 사회적 메시지는 남성과 여성의 삶의 무게를 나누는 결정적인 요인이 된다.

그중에서도 왕만니는 거주의 불안으로 인한 불투명한 미래에 대해 고민하는 여성인데, 6화의 내레이션에서 30대에 들어섰다고 체감하는 가장 큰 이유는 물질 때문이라고 말한다. 정서적인 불안보다 물질적인 압박이 시시각각 목을 조여오고 20대의 자유로움, 40대의 여유로움이 없는 서른이라는 나이에 불안해한다. 특히 왕만니의 부모는 그 불안감을 타개할 방법은 오직 결혼이라고 이야기한다. 자신의 노력과 의지로만 상하이 생활을 꿋꿋이 버텨내던 그녀가 고향행을 결정하게 되는 이유도 곧 서른이 된다는 압박감이다. 전통적 여성상에 대한 부모 세대와의 이견은 한중 여성들의 고민을 대변하고 있다.

고향으로 도피한 왕만니는 맞선을 보는데, 맞선남 장주임은 고향에서 친분은 곧 재산이며, 아무것도 없는 대도시에서 고군분투하지 말고 모든 것이 갖추어져 있는 고향에서 결혼으로 인생의 안정을 찾으라고 이야기한다. 그는 결혼하지 않은 서른 여성에 대해 여성은 결혼만 하면 모든 문제가 다 해결되는 것이라고 이야기한다. 또 31화에서 왕만니는 엄마에게 고향에서 찾은 업무가 인간관계 때문에 불편하다고 고민을 토로하는데, 엄마는 "정말 장즈(장주임)와 결혼만 하면 앞으로 넌 행복하게 살게 되는 거야"라며 서른 여성의 미래와 앞날이 결혼으로만 귀결되는 것으로 단정 지어버린다.

공자는 자신의 인생을 돌아보며 삼십이립(三十而立), 즉 "서른 살에 우뚝 섰다고 하여 그때가 되면 어떤 일이 있어도 움직이지 않는 신념이 서게 된다"라고 했다. 하지만 보통 사람들의 서른 살은 아직 '뜻이 바로 서는 단단한 삶'이 아니다. 이 드라마는 공자의 삼십이립을 정면으로 반박하고, 드라마 제목에도 삼십이립에서 한 글자만 바꾸어 삼십이이(三十而已), 겨우 서른일 뿐임을 강조한다. 따라서 〈겨우, 서른〉은 전통적 가치관과 현대 여성의 자아실현 사이에서 고민하는 수많은 한중 여성 시청자의 고민을 대변하며, 서른이 가지고 있는 아시아 여성의 고민, 그 함의를 상세하게 묘사했다.

한중 여성들에게 요구되는 전통적 여성관은 시대와 역사를 거쳐 뿌리 깊이 인식되어 있다. 전통적으로 여성에게 요구되는 가치가 현대 여성들의 인식과 많은 차이를 보이면서 새로운 갈등과 문제가 야기되고 있는데, 이는 종종 세대 간의 갈등을 유발한다. 드라마 〈겨우, 서른〉의 경우, 20대 후반 젊은 여성들의 삶을 다루고 있는 만큼 젊은이들의 기호에 부합한 새로운 가치관이 주요 서사를 이룬다. 그중에서도 여성, 엄마 그리고 직업인으로서의 갈등은 아시아 여성들의 사회문화적 공감대를 불러일으키는 데 큰 몫을 하고 있다. 드라마의 세 여주인공은 주체적 성격의 현대 여성, 이데올로기에 맞서 싸우는 여성, 이데올로기에 순응했던 여성으로 나뉘는데, 이는 수많은 한중 여성의 갈등을 대변하는 전형적인 캐릭터성을 가지고 있다.

첫 번째로 '구자'는 자신의 위치와 역할에 대해 끊임없이 고민하는 주체적 성격의 현대 여성을 대변한다. 구자는 결혼과 동시에 회사생활을 접고 전업주부의 삶을 시작하는데, 그럼에도 여전히 회사의 실질적인 업무는 그녀에 의해 움직인다. 얼핏 보기에 구자는 전통에 순응하고, 가족을 위한 일이 곧 나 자신을 위한 일이라 자위하는 듯 보이지만, 주체적 성격의 현대 여성의 표본을 보여준다. 극 초반 집단이기주의의 폐해를 목격하며 주체성이 구체적으로 발현된다. 4화에서 뇌전증을 앓고 있다는 이유로 쯔옌(구자의 아들)의 친구는 유치원에서 퇴출될 위기에 처한다. 구자는 특권의식을 가진 수많은 엄마 사이에서 자신의 의견을 당당하게 피력하며 시시비비를 가린다. 이는 주체성보다는 가정의 평화와 안정만을 최우선시했던 전통적 여성상에 대한 반기이며, 적극적이고 투쟁적인 자세를 통해 현대 여성의 가치

[그림 3] 이데올로기와 맞서 싸우는 '왕만니'
(출처: 《三十而已》成暑期黑马，江疏影童瑶毛晓彤同台飙戏，各树一帜, baidu.com)

관을 새롭게 확립시켰다. 이 사건을 계기로 전통적 엄마의 역할에 매몰되기보다는 사회인으로서의 엄마를 성공적으로 부각시키며 수많은 한중 여성의 호응을 얻었다.

두 번째로 '왕만니'는 이데올로기에 맞서 싸우는 여성을 대변한다. 지방 출신 왕만니는 상하이 거주증을 얻어 상하이에 정착하기를 꿈꾼다. 하지만 믿었던 남자친구 정셴의 배신을 계기로 왕만니는 상하이 생활에 환멸을 느끼며 고향 집으로 떠난다. 왕만니는 좌절감으로 서른 살 여성에게 요구되는 전통 이데올로기에 순응하려 한다. 하지만 실제로 그녀는 고향으로의 도피를 감행한 것으로 마음속의 열정과 꿈이 사라진 것은 아니었다. 다만 20대 후반, 서른 살이 가져다주는 전통적 여성에게 요구되는 결혼과 안정에 대한 압박에 굴복하여 고향집으로 도피를 감행한 것이다. 특히 여자는 남자를 잘 만나 결혼을 잘하는 것이 가장 큰 행복이자 목적이라는 전통 이데올로기는 왕만니의 고향행을 더욱 부추긴다. 하지만 고향 생활이 길어질수록 결혼을 통한 안정보다는 자아실현에 대한 열정이 더욱 커졌고, 31화에서 왕만니는 이발소 아저씨와의 대화를 통해 이데올로기에 순응하려 했던 자신의 속마음을 들키게 된다.

> "누군가 고향을 떠나 살기로 했으면 집 밖을 나오는 순간 앞으로는 자기 자신이 바로 자신의 집이라는 걸 말이야. 자신의 삶을 펼치는 거야. (중략) 넌 도망을 온 거야. 도망치지 마. 제일 소용없는 일이 도망이야."

아저씨와의 대화를 계기로 왕만니는 상하이로 돌아가기로 결심한다. 이데올로기에 순응하는 것은 자신이 원한 인생이 아니고, 반대로 이에 맞서 싸워 자신의 미래는 스스로 개척해야 한다는 것을 깨달은 것이다. 전통 이데올로기에 맞서 싸우기 시작하자 모든 삶이 바뀌기 시작했다. 그녀에게 자기 자신보다 중요한 것은 아무것도 없었다.

셋째로 이데올로기에 순응했던 여성 '중샤오친'이다. 중샤오친은 부모의 말대로 적당한 시기에 맞선으로 남자를 만나 결혼하고, 직장생활을 하는 겉보기에 평범한 20대 후반 여성이다. 남부럽지 않은 평탄한 삶을 살아갈 것 같지만, 남편과의 가치관 차이와 교류의 부재 등으로 그다지 평화롭지 않은 생활을 한다. 아이가 생기면서 부부의 근본적 갈등이 수면 위로 떠오르는데, 이를 계기로 중샤오친의 인생은 송두리째 변화한다. 그녀는 늘 부모의 기대와 요구, 남편의 지시, 즉 이데올로기에 순응만 했던 여성을 대변했다. 수많은 아시아의 20대 후반 여성들이 가장 깊게 공감하고 고민했던 캐릭터로 현실 반영의 전형적 캐릭터성을 담고 있다. 하지만 이혼을 계기로 가정·직장 생활 모두에 큰 변화를 겪으면서 스스로의 성장을 도모한다. 남편과의 재결합을 통해 문제를 해결하지만, 이데올로기에 순응하며 살아가는 현실은 변하지 않는다는 점에서 캐릭터의 한계를 보여주었다.

## 여성 공동체의 심리묘사와 사회문제의 반영

〈겨우, 서른〉에서 묘사한 여성 공동체 속 다양한 일상과 갈등은 한중 양국의 사회적 공감대를 형성하는 데 결정적 역할을 했다. 여성 공동체 속 갈등과 그에 대한 심리묘사는 드라마의 동시대성을 반영했다. 드라마는 현재의 사회가 나타내는 특유한 성격이나 성질을 반영하여 시청자에게 공감과 재미를 유발하는 특징을 가지고 있는데, 〈겨우, 서른〉에서 주요 소재가 된 사건들은 현실의 문제를 반영하고 있고, 여성들이 공감할 수 있는 세밀한 심리묘사는 동시대성을 보증했다. 예를 들어 여성들의 주 관심사인 아이 교육과 그에 대응하는 엄마들의 관계, 직장 내 여성들의 분쟁과 질투의 에피소드는 여러 가지 사회문제를 부각시켰다.

'구자'는 상류사회로의 완벽한 진입을 위해 고군분투하는데, 그 안에서 발생하는 계급화·서열화 문제의 중심에 서며 현 사회의 문제점을 적나라하게 보여주었다. 예를 들어, 부녀회에서 다양한 이해타산과 이익관계가 형성되는데, 인간적인 교류는 부재하고 결국 돈이 권력이 되어 서로를 질투·혐오하는 모습을 통해 물질만능주의의 폐

해를 보여주었다. 또 2019년 한국 사회를 강타한 드라마 〈SKY 캐슬〉을 연상케 하는 상류층 자녀 교육의 실태를 보여주며, 빈부격차와 교육 격차의 문제를 상세하게 묘사했다.

왕만니는 직장 내 여성 갈등의 실상을 보여주었는데, 왕만니가 큰 계약 건을 성사시키며 회사로부터 상금과 승진의 기회가 주어지자, 직장 동료가 그녀를 모함하여 직장에서 내쫓으려 한다. 그녀의 계획은 실패로 돌아갔는데, 이에 대해 "그냥 만니가 운이 좋아서 큰 건을 잡았을 뿐이잖아요. 그게 공평한 건가요? 본인이 노력했다고 해서 내 노력까지 무시해도 되는 건 아니에요. 만니가 내 자리를 뺏어가서 내 자리가 사라졌어요"라고 말한다. 이는 성과 만능주의가 낳은 사회적 문제인데, 이를 여성들 사이의 질투와 암투로 표현하는 문제점을 낳았다. 또 이러한 상황에 대해 직장 동료를 험담하며 "어떤 남자를 만날지 몰라도 그 남자 불쌍하네요"라고 비판하는 등 여성을 질투의 상징 또는 남성의 전유물 등으로 표현하여 여성 시청자의 분노를 자아냈다. 하지만 이는 현실 사회에서 충분히 발생할 수 있는 상황을 좀 더 현실감 있게 묘사한 것으로, 시청자의 공감과 분노를 동시에 불러일으켰다.

또 중샤오친이 직장 생활 중 임신하자, 남편은 "넌 구자처럼 전업주부는 될 수 없어. (중략) 괜히 임신을 핑계로 당신을 자를 수도 있으니까" 조심하라는 등 남성 시각의 사회에서 여전히 불이익을 당하고 있는 여성들의 상처를 상세히 묘사하며 서른 즈음 여성들이 갖는 가정과 사회의 고민을 상세히 묘사했다.

〈겨우, 서른〉 속 여성 3인은 각자의 방식으로 성공한 직업여성의 모습을 보여준다. 성공한 여성이라는 타이틀에도 불구하고 생활이나 직업 면에서 발생하는 다양한 사회문제를 비교적 상세하게 묘사하고 있는데, 이는 한중 여성 모두가 현재의 삶에서 겪고 있는 문제들이다. 이러한 사회현상에 대한 묘사는 한중 양국의 생활상을 잘 반영하고 있으며, 이에 대한 여성들 간의 관계 묘사는 동아시아 여성들이 공감대를 형성할 수 있는 내용들로 구성되었다.

특히 중국 입장에서 여성들이 사회에서 소극적·수동적 조력자가 아닌 사회와 경제의 발전에 주도적인 역할을 하는 모습을 강조하고, 더 나아가 남성보다 더 완벽하게 일을 처리하는 모습을 강조하면서 남녀 모두 중국 사회의 발전에 이바지하고 있음을 강조하고 있다. 이는 해외 시청자에게는 직업여성으로서 당당한 중국 여성들의 모습에 큰 인상을 남겼으며, 여성 공동체가 느끼는 공감대를 형성하는 데 주요한 소재로 활용되고 있다.

## 글로벌 OTT 콘텐츠의 국내 진출과 한국 콘텐츠 시장의 과제

OTT 서비스의 비약적 성장은 OTT 콘텐츠 개별 연구의 필요성으로 이어지고 있다. 방송용 콘텐츠의 유통·공급 플랫폼을 넘어서 이제는 OTT 플랫폼만을 위한 콘텐츠가 제작되고 있기 때문이다. OTT 자체 제작 콘텐츠는 국내외 콘텐츠 시장의 확대와 함께 다양한 수익구조를 창출하고 있다. 마셜 매클루언이 제시한 매체의 차이와 관련하여 OTT 매체는 현재적 의미의 핫미디어와 유사하다. 이러한 매체별 콘텐츠의 차이는 콘텐츠별 서사 전략의 차이를 의미하기도 하는데, 드라마 콘텐츠의 경우 그 어느 콘텐츠보다 서사 방향성과 주제 및 내러티브가 중요한 만큼 이에 대한 개별적인 연구 필요성이 대두되고 있다.

최근 국내 넷플릭스를 통해 방송을 시작한 중국 OTT 드라마 〈겨우, 서른〉의 경우, OTT 드라마의 특징을 잘 살린 서사 전략으로 중국 본토에서 큰 인기를 끌었고, 나아가 해외 진출에서 성공적인 결과를 만들어내고 있다. 〈겨우, 서른〉은 국내 연구자들에게는 다소 생소한 현실 소재 도시극이라는 드라마 장르인데, 현대를 살아가는 도시의 모습을 현재적 시각으로 담고 있다는 점에서 현재 중국의 생활상을 매우 현실감 있게 다루고 있다. 현실 소재 도시극이라는 중국형 드라마 장르에서 지속적으로 등장하는 소재인 커리어우먼의 성공과 우정을 통해 중국 사회의 발전상을 확인할 수 있다. 또한 내레이션의 내러티브 구성을 통해 세 주인공 여성들의 마음을 대변하거나, 그들의 주체성을 독백 형식으로 구성하며 여성 시청자의 공감대를 형성하는 데 일조했다. 또 매주 방송 시간대를 기다려야 하는 방송용 콘텐츠에서는 시도하기 힘든 액자식 구성으로 드라마의 주제 의식을 더욱 강화했는데, 이는 OTT 드라마만이 가질 수 있는 특수성을 가장 잘 살린 서사 전략으로 평가할 수 있다.

이를 통해 〈겨우, 서른〉은 한중 여성 시청자의 사회문화적 공감대를 끌어내는 데 성공했는데, 첫째, 〈겨우, 서른〉이라는 제목에서 그 함의를 찾을 수 있었다. 서른이라는 나이에 상당한 의미를 두는 동아시아의 정서를 잘 반영한 제목으로 한중 여성들이 쉽게 서사를 유추할 수 있고 내용에 공감할 수 있도록 유도했다. 둘째, 여성으로서 삶의 행복과 고난을 상세히 묘사하여 유교문화권 공동의 문화 의식 아래 살고 있는 한중 여성들의 공감대를 이끌어내는 데 성공했다. 셋째, 여성 공동체만이 느낄 수 있는 미묘한 심리를 사실적이고 정교하게 묘사하여 여성 시청자라면 공감할 수 있는 소재를 적극적으로 활용했다.

드라마 〈겨우, 서른〉을 통해 중국 OTT 드라마의 성장과 앞으로의 가능성을 점쳐볼 수 있었고, 특히 한국 시청자가 함께 공감할 수 있는 서사가 적극적으로 활용되었다는 점, 앞으로도 이러한 서사가 계속해서 한국 시청자의 눈길을 사로잡을 것이라는 점에서 우리 콘텐츠 시장의 대응 방안에 대해서도 고민해야 할 시점이다. 따라서 이번 연구는 OTT 시장에 대한 이해와 앞으로의 한국 콘텐츠 시장이 나아가야 할 방향성에 관한 기초적인 연구로 활용될 수 있을 것이며, 앞으로 한국의 해외 진출용 콘텐츠의 개발 방안 연구에도 기초 자료로 활용될 수 있을 것으로 생각한다.

1 마셜 매클루언은 『미디어의 이해』에서 핫미디어와 쿨미디어의 개념을 제시했는데, 핫미디어는 단일한 감각을 고밀도로 연장시키는 미디어로 방송용 드라마에 비해 많은 공백을 남기지 않는다. 그렇기 때문에 시청자의 피드백과 참여도가 적어서 수용자가 메워주거나 완성할 필요성이 없는 콘텐츠를 말한다. OTT 매체의 등장은 드라마의 영화화(영상미의 고밀화)를 가져왔는데, 이러한 매체의 차이와 특징은 같은 드라마 장르이지만 다른 서사 전략을 구성해야 하는 당위성을 부여하고 있다. 마셜 매클루언, 박정규 역, 『미디어의 이해』, 커뮤니케이션북스, 1999, 32쪽 참조.

2 달라진 매체 환경에 따라 드라마의 서사 전략은 달라져야 한다. 서사 자체가 매체에 따라 변화하는 것은 아니지만, 같은 서사라도 시청자와 소통하기 위해 서사를 재현하는 방식이 달라져야 한다는 데 대한 다양한 선행 연구가 이루어지고 있다. 유세문의 논문 「OTT 한국 드라마의 서사전략 연구: 넷플릭스 드라마 〈킹덤〉을 중심으로」, 『한국방송학회 학술대회 논문집』, 한국방송학회, 2019와 윤복실의 논문, 「OTT 드라마 〈킹덤〉의 서사 전략 연구」, 『글로벌문화콘텐츠』 43, 글로벌문화콘텐츠학회, 2020에서 이를 강조하고 있다.

3 윤복실, 「OTT 드라마 〈킹덤〉의 서사 전략 연구」, 『글로벌문화콘텐츠』 43, 글로벌문화콘텐츠학회, 2020, 104쪽 참조.

4 김인경, "[2021 테크체인저]⑫ 콘텐츠가 대세… '카카오·네이버·유튜브·넷플릭스' 상위권", 『블로터』, 2021.1.5, 3면.

5 〈겨우, 서른〉(원제: 三十而已), 편성: 중국 드래곤TV, 2020.7.17~2020.8.9, 43부작

6 본 연구는 1961~1999년 드라마를 분석한 김승현·한진만(2001), 정영희(2005)의 연구를 기초로 한 정영희의 연구 「한국 텔레비전 드라마의 동시대 지형과 역사성」을 참고하여 기준을 살펴보았다. 정영희, 「한국 텔레비전 드라마의 동시대 지형과 역사성」, 『한국언론학보』 53, 한국언론학회, 2009.

7 정영희, 「한국 텔레비전 드라마의 동시대 지형과 역사성」, 『한국언론학보』 53, 한국언론학회, 2009, 87쪽.

8 최근 중국 정부는 인기 소재였던 사극, 궁중 암투극에 대해 집중적으로 고삐를 죄어왔다. 역사 왜곡의 가능성이 있고 사회에 부정적 영향을 끼칠 수 있다는 이유였다. 사극을 규제하고 현실 소재의 드라마를 장려하는 정부의 정책 기조에 따른 결과로 풀이된다. 당대를 배경으로 한 드라마는 도시극이 강세이며, 신흥 직업군과 계층을 주제로 다루는 등 도시극의 배경과 소재가 세분되는 추세다. 방송통신기획팀, 「중국드라마 산업의 주요 현황과 전망」, 『리뷰리포트』, 한국방송통신전파진

홍원, 2020, 65-68쪽 참조.

9 陈友军,「现实题材电视剧艺术真实形态论」, 北京师范大学 广播电视艺术学 博士学位论文, 2007, 2쪽.

10 현실과는 전혀 다른 시공간적인 성격을 띤 사건이 현실계에 펼쳐졌을 때 일어나는 모든 경험, 느낌의 총체 혹은 이러한 환상적 특징이 '이야기하기'라는 행위와 '이야기'라는 결과물을 아우르는 총체로서의 명명. 이현민, 『한국 TV 드라마의 이류연애담(異類戀愛譚) 모티프의 변용 양상 연구』, 고려대학교 박사학위논문, 2020, 133쪽 참조.

11 "텔레비전 드라마의 미학은 현실 세계라는 일상성의 기반 위에서 성립"한다. 여기에서 중요한 것은 이러한 TV 드라마의 특성이 TV 드라마의 정체성으로 연결된다는 점이다. 다시 말해 TV 드라마 제작이 수용자의 몰입방식과 연속극으로 제작되기 위한 서사의 연속성, 그리고 TV 드라마의 일상성에 기초하여 이루어진다는 것이다. 윤복실, 앞의 논문, 111쪽 참조.

12 우로·최영희, 「중국 현실 소재 웹 드라마의 장르 특징과 사회적 의미 연구: 〈북경여자도감〉을 중심으로」, 『애니메이션 연구』 16(1), 한국애니메이션학회, 2018, 80쪽.

13 2019년 중국 국내총생산이 세계에서 차지하는 비중은 16%(98조 8,528.9억 위안, 중국 국가 통계국)를 넘어섰다. 2017년 중국의 GDP는 세계 2위가 되면서 규모면에서 세계 2위의 경제 대국이 되었다. 1978년 중국 대외무역 총액은 206억 달러에서 2019년 457조 6,126억 달러를 넘어섰다. Cao Xuanming, 『중국의 경제성장: 위선적인 세계화 논리를 넘어서』, 세종대학교 박사학위논문, 2021, 2-3쪽.

14 TV 드라마는 시청자의 지속적인 관심과 몰입을 유도하기 위해 매회 서사를 종결시키지 않고 확장하며 갈등을 고조시키고, 극적인 에피소드 삽입을 통해 기대감을 충족시키는 전략을 쓴다. 김미라, 「크로스미디어 스토리텔링 사례 연구: 웹툰 〈미생〉의 드라마 〈미생〉으로의 재매개」, 『한국콘텐츠학회논문지』, 한국콘텐츠학회, 2015, 134쪽.

15 최상민, 「대중의 욕망과 드라마적 재현: 김수현 드라마 〈인생은 아름다워〉를 중심으로」, 『드라마연구』 14, 2012, 200-201쪽.

16 윤석진, 「텔레비전 드라마의 서사전략 고찰: 김수현의 〈청춘의 덫〉을 중심으로」, 『국제어문』 23, 국제어문학회, 2001, 2쪽 참조.

이 글은 등재학술지 『글로벌문화콘텐츠』 47(2021.5)에 게재된 필자의 논문 「OTT드라마 〈겨우, 서른〉의 서사 전략과 한중 여성의 사회문화적 공감대」를 본서를 위해 수정한 것이다.

# OTT 드라마 〈사랑의 불시착〉과 일본 내 4차 한류 열풍

## 이승희

### OTT 스토리텔링 생존 공식 4: '보편성'과 '차별성' 두 마리 토끼를 잡아라!

일본에서의 4차 한류 붐을 촉발시킨 OTT 드라마 〈사랑의 불시착〉은 남녀 간의 사랑, 질투, 가족, 의리, 배신 등 인류 '보편의 정서'를 남북 분단의 현실이라는 K-콘텐츠만의 '차별성' 짙은 소재와 코믹하고 러블리한 스토리에 녹여냄으로써 다양한 국가 및 문화권의 콘텐츠 소비자에게 신선한 호기심과 대중적 공감을 얻어냈다.

## 냉랭한 한일관계 속 이례적 한류 열풍, 왜?

2020년 일본을 중심으로 재점화되기 시작한 한류 열풍이 거세다. 눈에 띄는 점은 한일관계가 악화 일로를 달리고 있지만, 이와 무관하게 영화와 드라마, K-pop 등 한국 콘텐츠에 대한 일본인의 관심이 그 어느 때보다 뜨겁다는 점이다.

2012년 말, 자민당 재집권과 함께 화려하게 총리 재임에 성공한 아베 신조(安部晋三)는 '수정주의 역사관과 우경화', '총리관저 중심의 1강 독재', '아베노믹스와 장기불황 탈출', '역대 최악의 한일관계' 등 다양한 공과(功過)를 남겼다. 특히 총리 취임 이후 가속화된 한일 양국 간의 대립은 한국 대법원의 일제 강제징용 판결에 반발한 일본이 한국의 주력 수출 품목인 반도체 소재, 부품 등 3종에 수출 규제를 내리고 이에 한국이 한일군사정보보호협정(GSOMIA, 지소미아) 종료로 맞불을 놓으면서 그 어느 때보다 장기간 관계 악화의 길을 걷고 있다.

하지만 과거 한일관계의 온도 차에 따라 좌지우지되던 양국 간 문화 교류는 정치적·역사적 상황과는 별개로 전혀 타격을 받지 않고, 오히려 더 많은 교류와 새로운 형태의 한류 현상을 만들어내고 있다.

일본의 유력 일간지인 아사히신문(朝日新聞)은 2020년 8월 이러한 이례적인 현상을 '4차 한류 붐'으로 규정해 화제를 모았다. 신문은 2004년 NHK에서 방영된 TV 드라마 〈겨울연가(冬のソナタ)〉로 촉발된 '사회현상화'[1]를 1차 한류로, 2011년 동방신기와 KARA, 소녀시대 등 한국의 아이돌 그룹들을 중심으로 확산한 K-pop 열풍을 2차 한류로 규정한 데 이어 2017년 사나, 모모, 미나 등 일본인 멤버가 포함된 여성 아이돌 그룹 TWICE가 NHK 〈홍백가합전〉[2]에 출연하는 등 폭발

[그림 1] 〈사랑의 불시착〉 포스터
(출처: http://program.tving.com/tvn/cloy/4/Board/View)

적인 인기를 모은 현상을 3차 한류로 규정했다. 3차 한류의 흐름 속에는 이미 방탄소년단(BTS)과 블랙핑크 같은 신세대 K-pop 아이돌에 대한 인기가 자리매김하고 있었다.

여기에 더해 아카데미 시상식에서 4관왕을 수상한 봉준호 감독의 영화 〈기생충〉의 이례적인 일본 내 흥행과 코로나 사태 이후 글로벌 온라인 동영상 서비스(OTT) 플랫폼인 넷플릭스(Netflix)를 중심으로 〈이태원 클라쓰〉와 〈사랑의 불시착〉 등 한국의 드라마를 매개로 나타난 '사회현상화'를 4차 한류로 규정했다.[3]

특히 드라마 〈사랑의 불시착〉은 극우 성향인 하시모토 도루(橋下徹) 전 오사카부 지사와 모테기 도시미쓰(茂木敏充) 일본 외무상[4] 같은 유명 정치인은 물론 배우, 성우, 개그맨, 작곡가 등 성별과 세대, 직종, 정치적 성향 등을 망라한 유명 인사들의 호평과 대중의 입소문을 타고 급격히 확산했다. 드라마가 처음 공개된 2020년 2월 말 이후부터 〈사랑의 불시착〉은 거의 1년 가까이 넷플릭스 인기 순위 상위권을 유지했으며, 이러한 열풍을 반영하듯 〈사랑의 불시착〉은 '아베노마스크', 〈귀멸의 칼날〉 등과 함께 일본 내에서 한 해 동안 가장 이슈가 된 신조어 및 유행어를 선정하는 '2020 유캔 신조어·유행어 대상(新語・流行語大賞)' Top10에 포함되기도 했다.[5]

그렇다면 이전과 다른 양태로 한국의 문화콘텐츠, 구체적으로는 한국의 특정 드라마가 일본인에게 공감을 얻으며 열광적으로 소비된 배경에는 어떤 이유가 숨어있는 것일까? 가장 큰 이유는 코로나19로 인한 자숙 기간(거리두기)의 연장, 그리고 일본 내 넷플릭스 유료 회원의 급증을 들 수 있을 것이다.

2015년 일본에서 첫 서비스를 시작한 넷플릭스의 유료 회원 수는 2020년 8월 말 500만 명 이상으로 늘어났다. 2019년 9월 회원 수가 300만 명이었던 것을 감안하면 1년 만에 무려 200만 명 이상 늘어난 급성장이다.[6] TV뿐만 아니라 PC와 스마트폰 등 다양한 방법으로 시청이 가능한 OTT 서비스의 대량 확산은 누구나 자유롭게 자신이 좋아하는 콘텐츠를 소비할 수 있는 여건을 조성했고, 이 과정에서 그동안 TV 영상 콘텐츠로부터 소외되었거나 큰 관심을 갖지 않았던 중장년 남성 시청층도 TV 드라마로 대량 유입되는 결과로 이어졌다.

시청층이 다양화되었다는 점 외에도 NHK, 후지TV 등 일본 내 주요 공중파 언론은 물론, 유튜브를 중심으로 이른바 '드라마 좌담회(ドラマ座談会)'라는 이름의 전문가 그룹, 일반 시청자의 자발적인 드라마 분석 및 비평 움직임이 그 어느 때보다 활발하게 이뤄졌다는 점도 4차 한류 열풍의 특징으로 꼽을 수 있다.

2004년 TV 드라마 〈겨울연가〉가 일본 내 한류 열풍을 일으킨 이후 그동안 한일 양국에서는 한류와 관련한 다양한 연구가 진행되었다. 하지만 한류를 역사적, 정치적, 문화 권력의 관점에서 해석[7]하거나 한류를 통한 한일 양국 국민의 인식 변화[8] 및 한류의 산업적 성과와 전망[9] 등에 관한 연구가 주를 이룬 반면, 특정 한류 콘텐츠와 일본 문화와의 상관관계를 밝히는 연구는 적극적으로 시도되지 못했다. 이 글은 이러한 연구 배경에서 출발한 의문이자, 그 의문에 대한 답을 찾아가는 과정이다.

지금부터는 OTT 드라마 〈사랑의 불시착〉이라는 특정 한류 콘텐츠가 어떤 이유에서 '사회현상화'로 불릴 만큼의 열풍으로까지 이어졌는지, 또 그것이 일본인, 일본문화, 더 나아가 급변하는 미디어 환경과 어떠한 상관관계를 가지고 있는지를 살펴보고자 한다.

## 팬데믹 - OTT - 북한 소재 드라마가 견인한 남성 시청층

드라마 〈사랑의 불시착〉의 일본 내 '사회현상화'의 가장 큰 특징 중 하나는 한국 드라마에 대한 중장년 남성 시청층의 증가를 꼽을 수 있다. 1차 한류 붐을 촉발시킨 드라마 〈겨울연가〉 인기의 중심에는 능동적인 일본의 중장년 여성 팬들이 있었다. 기존의 일본 사회에서 문화적 헤게모니를 갖고 있지 않았던 중년 여성들은 〈겨울연가〉로 인해 일본 사회의 대중문화를 주도해나가는 역할의 한 축으로 성장했다.[10]

젠더사회학 혹은 젠더정치학 관점에서는 이러한 현상과 관련한 비판의 목소리도 존재하지만[11] 일본의 중장년 여성들이 〈겨울연가〉와 이른바 '욘사마'를 매개로 대중문화의 소비를 통해 자아실현을 경험

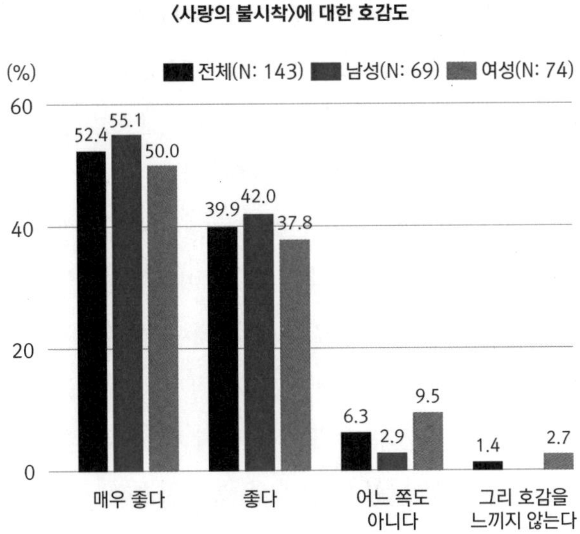


[그림 2] 오리콘 뉴스 설문조사 결과
(Drama&Movie by ORICON NEWS)[103]

하고, 한국어 습득과 한국 여행 붐 등과 같은 능동적인 문화적 활동을 주도함으로써 한국에 대한 긍정적인 이미지를 만드는 데 결정적인 역할을 했다는 점은 부정할 수 없는 사실이다.

반면, 드라마 〈사랑의 불시착〉을 둘러싼 한류 현상에는 이전까지 부각되지 않았던 남성층의 반응이 뜨거웠다는 점이 이례적이다. 실제로 일본 대중음악 차트인 오리콘 뉴스가 조사한 설문조사에 따르면, 〈사랑의 불시착〉에 대해 호감을 표한 남성의 비중은 97.1%로 여성보다 무려 10%가 더 높았다.[13] 그동안 일본 내에서 한류 콘텐츠가 여성 중심의 소비에 의존한다는 평가가 지배적이었던 상황에서 이러한 결과는 일본 내 한류를 재점화한 〈사랑의 불시착〉의 인기에 여성뿐만 아니라 남성의 힘이 크게 작용했다는 점, 즉 기존의 여성 중심의 소비가 아닌 이를 뛰어넘는 새로운 시선과 소비자층이 탄생했다[14]고 해석할 수 있는 매우 유의미한 결과라 할 수 있을 것이다.

그렇다면 드라마 〈사랑의 불시착〉에 유독 일본 남성들이 강한 호감을 느낀 이유는 무엇일까? 물론 1~4차 한류를 거치며 일본의 젊은 층을 비롯해 중장년 여성들이 한류 콘텐츠를 다량 접하게 되면서 자연스럽게 중장년 남성층들도 한류 콘텐츠를 거부감 없이 받아들이게 된 측면[15]도 있겠지만, 〈사랑의 불시착〉의 이례적인 열풍과 관련해서는 앞서 인용한 오리콘의 설문조사 결과에서 중요한 실마리를 찾을 수 있다. 여성들이 남북한 남녀의 애절한 '금단의 러브스토리'와 '등장인물들의 유머러스함'을 〈사랑의 불시착〉에 대한 호감의 주요 이유로 선택한 반면, 남성들은 '남북한 문화와 생활양식의 차이', 그리고 '남북분단의 배경'을 꼽았다.[16]

〈사랑의 불시착〉은 예상치 못한 돌풍으로 인해 패러글라이딩 사고로 북한에 불시착한 재벌 상속녀 윤세리(손예진 분)와 그녀를 숨기고 지켜주다 사랑에 빠지게 된 북한 장교 리정혁(현빈 분)의 금단을 넘은 러브스토리를 그리고 있다. 한국과 북한, 스위스를 배경으로 드라마의 주된 스토리가 전개되지만, 그중에서도 한국과 북한은 두 사람의 사랑을 가로막는 가장 큰 장벽이자 서로 넘어서는 안 되는 금단의 상징이다.

그동안 〈쉬리〉(1999), 〈공동경비구역 JSA〉(2000), 〈실미도〉(2003) 등 일본 현지에서 개봉된 영화를 비롯하여 넷플릭스를 통해 일본에 공개된 〈강철비〉(2018)에 이르기까지 남북관계를 소재로 한 영화가 일본에서 주목받은 적이 적지 않지만, 〈사랑의 불시착〉과 같이 잦은 정전(停電), 남한의 상품들이 은밀히 거래되는 장마당 풍경, 전방 군관 사택마을의 실상과 빈부의 격차 등 북한 현지 주민의 실제와 가까운 일상을 담아낸 콘텐츠는 없었다.

실제로 〈사랑의 불시착〉 제작팀은 극의 리얼리티를 극대화하기 위해 영화를 전공한 탈북민 출신자를 보조 작가로 기용해 북한에 대한 방대한 자료조사는 물론 검증 작업을 진행했다[17]고 밝히고 있는데, 일본의 문학가이자 사상가인 우치다 다쓰루(内田樹)가 〈사랑의 불시착〉의 한류 현상과 관련해 "지금까지 남북한 사람들 사이에 '애정'과 '연대'가 움튼 작품은 존재하지 않았으며, 특히 북한 사람들의 '생활'이 이렇게까지 조명을 받은 적도 없었다"[18]라고 강조한 것을 보면, 전술한 제작진의 의도가 적중했음을 알 수 있다.

북한의 일상, 그리고 남북한 남녀의 로맨스를 바탕으로 한 독특한 드라마의 설정과 내용은 그동안 일본인이 가지고 있던 북한에 대한 이미지 변화에도 영향을 주었다. 〈사랑의 불시착〉의 인기와 더불어 드라마 속에 자주 등장했던 북한 말에 대한 관심이 증가하면서 SNS를 중심으로 이를 해설하고 공부하는 일본인까지 생겨났다. 드라마 열풍이 그동안 일본인에게 '도발', '위협', '전쟁', '미사일' 등과 같은 부정적인 이미지로 강하게 각인돼 있던 북한의 이미지를 바꾸고 친근감을 높이는 데 기여[19]했다고 할 수 있을 것이다.

한편 이러한 변화는 일본인이 가지고 있던 북한에 대한 기존의 이미지와 드라마를 통해 새롭게 생성된 이미지의 격차가 그만큼 컸다는 방증으로도 읽을 수 있다. 전 세계 국가 가운데 일본은 한국만큼이나 북한에 대한 관심과 긴장감을 유지하고 있는 유일한 국가가 아닐까 한다. 동북아 정세의 팽팽한 역학관계 속에서 일본인에게 북한은 자국의 정치, 안보적 실리와 직결된 존재이자, 무엇보다 미국 본토까지 타격이 가능한 북한의 대륙간탄도미사일(ICBM) 공격의 사정권 안에 일본이 포함된다는 점에서 국민의 생명과 재산을 보호하고, 안전과 안위를 확보하는 문제와도 떼려야 뗄 수 없는 대상으로 인식되고

있다.[20]

여기에 더해 일본과 북한은 일본인 납북자 문제[21]로 지난 30여 년간 양국 관계를 정상적으로 발전시키지 못한 채 진전과 교착을 거듭하며 북일 관계의 근본적인 변화를 가져올 정치적 계기를 만들지 못하고 있다. 일본에 새로운 정권이 출범할 때마다 북일 국교 정상화, 북한 핵·미사일 문제, 일본인 납치 문제가 정권의 핵심 정책으로 등장하는 이유도 바로 이 때문이다.[22]

이처럼 오랜 기간 축적되어온 북한과 일본의 독특한 관계 및 북한 인식은 북한을 소재로 한 드라마 〈사랑의 불시착〉에 대한 일본인, 그중에서도 이전까지 한국 드라마에 대해 큰 관심을 보이지 않았던 중장년 남성 시청자까지 드라마로 유입시킴으로써 결과적으로 성별과 세대를 뛰어넘는 시청층의 확대로 이어졌다고 분석할 수 있다.

## 주체적 여성상(女性像)

북한을 소재로 한 설정이 일본인의 특수한 대북 인식과 북일 관계를 배경으로 남성 시청자의 공감과 호응을 이끌어냈다면, 주요 여성 캐릭터들이 보여준 당당하고 독립적이며 주체적인 여성상은 여성 시청층의 뜨거운 공감을 이끌어냈다.

드라마 〈사랑의 불시착〉의 여주인공 윤세리는 재벌가의 딸로 태어났지만, 친딸이 아니라는 이유로 두 오빠와 어머니의 미움과 시기를 한 몸에 받는다. 하지만 윤세리는 그러한 현실에 안주하지 않고 일찍이 가족으로부터 독립하여 대한민국 최고의 패션 브랜드 CEO로 성공한다. 심지어 특출한 리더십과 사업적 성과를 만들어내며 아버지의 신임을 한 몸에 받아 이복 오빠들과의 치열한 재벌 승계 경쟁 구도에서도 당당히 후계자 지명까지 받는다.

사업적인 측면뿐만 아니라 남녀 관계에서도 윤세리는 평등함을 넘어 오히려 남성을 리드하고 관계의 우위를 점한다. 박지은 작가는 한때 로맨틱코미디드라마에서 가부장적 남성상의 상징으로 사용되었던 장면의 의도적인 전복을 시도하기도 하는데, 서울의 백화점에서 윤세리가 리정혁의 옷을 골라주는 장면은 그 대표적인 사례라 할 수 있다.

로맨틱코미디드라마의 단골 스토리 중 하나였던 이른바 '신데렐라' 플롯의 경우, 경제력 있는 남성이 여성에게 옷을 사주며 이 옷, 저 옷을 입어보게 하는 장면이 단골처럼 등장한다. 탈의실에서 옷을 바꾸어 입고 나오는 여성을 향해 남성은 만족한 듯 웃음을 짓고 여성은 수줍은 듯 남성을 바라본다. 하지만 〈사랑의 불시착〉에서는 과거 로맨틱코미디드라마에서 관습적으로 등장했던 이러한 장면의 남성과 여성의 위치가 정확히 반대로 바뀌어 재연된다. 윤세리가 리정혁에게 "이거 입어봐요", "저것도 입어봐요" 하며 옷을 권하고, 남성이 입고 나온 옷매무새를 위아래로 훑어보며 서슴없이 "흠… 뒤태는 좀 별론데?" 하는 장면(11회)이 나온다. 일본의 여성들은 그동안 일본에서는 볼 수 없었던 이런 당찬 여성 캐릭터에 열광했고 공감했으며, 현실에서는 실현 불가능한 이러한 장면을 통해 대리만족과 통쾌함마저 느꼈다.[23]

이처럼 당당하면서도 당돌하기까지 한 여성상은 윤세리뿐만 아니라 리정혁의 약혼녀로 등장하는 서단(서지혜 분)의 캐릭터에도 두드러지게 나타난다. 서단은 리정혁, 윤세리와의 사이에서 삼각관계를 만들며 위기를 조성하는 것은 물론, '약혼은 곧 결혼'이라는 전통적 가치관을 가진 여성으로 묘사된다. 하지만 드라마가 진행되는 과정에서 '사랑 없는 결혼은 불행하다'라는 또 다른 자아 사이에서 갈등하는 모습을 보이며 괴로워하고, 결국 인생에서 가장 중요한 것은 '자신의 행복'이라는 점, 그리고 그 행복은 '결혼', '남성'이 채워주는 것이 아닌, 자신의 '의지'와 '결단'으로만 쟁취할 수 있다는 점을 깨닫고 당당히 리정혁과의 파혼을 선언한 후 꿈을 찾아 떠난다.

〈8화: 전통적 가치관에 얽매이던 서단〉

서　단: 엄만 뭐가 기케 알고 싶은 건데?

서단 母: 나야, 우리 딸이 결혼할 남자와 문제가 없는가… / 우리 딸이 지금 행복한가… / 그놈이 우리 딸을 사랑해주는가? 그거이 제일 궁금하디.

서　단: 엄마, 아무 걱정 말라요. 엄마 딸은 무슨 일이 있어도 정혁동무랑 결혼해서 누구보다 행복하게 살 거니까…

〈16화: 주체적으로 자아를 찾아가는 서단〉

서　단: 엄만 나더러 항상 트렌디하게 살라 하지 않았어? 우리 다 좀 트렌디하자요~ 전 세계적으로 비혼과 미혼이 트렌드라 이거야. 나 다음 달 러시아 초청 공연 때문에 바빠요. 연습하러 갑니다.

서단 母: 누구 딸인지 멋지다, 야~

이처럼 남성에 의해 자기 삶이 좌우되도록 방치하거나 방관하지 않고 자신의 삶을 스스로 개척하는 독립적이고 당당한 〈사랑의 불시착〉 속 여성 캐릭터들은 일본 여성들로부터 큰 호응을 얻으며 현지에서도 화제를 모았다.[24] 필자는 일본 여성들의 이러한 반응이 2018년 말 일본에 소개되며 K-문학 붐을 촉발한 조남주 작가의 소설 『82년생 김지영』의 이례적인 열풍과 무관하지 않다고 생각한다.

한국에서만 무려 130여만 부가 팔리며 페미니즘 열풍을 일으킨 소설 『82년생 김지영』은 영화화로 이어지며 한국을 넘어 일본과 중국, 홍콩, 대만, 미국 등에서도 인기를 이어가고 있는데, 특히 판매 부수 23만 부를 돌파한 일본에서는 문학계에서도 큰 화제를 낳으며 주목을 받았다. 『82년생 김지영』을 비롯하여 한국 페미니즘 문학을 집중 조명한 일본 유수의 계간 문예지 『분게이(文藝)』 2019년 가을호는 창간 86년 만에 처음으로 3쇄 긴급 증쇄를 결정할 만큼 반응이 뜨거웠다. 이는 한국의 페미니즘 문학에 대한 일본 여성들의 관심이 얼마나 폭발적이었는지를 실감할 수 있는 상징적인 사건이기도 했다.[25]

그렇다면 왜 일본 여성들은 한국의 페미니즘 문학에 이토록 관심을 갖게 된 것일까? 더구나 한국보다 출판시장의 규모가 훨씬 크고 탄탄한 환경에서 자국의 문학이 아닌 이웃 나라 한국의 페미니즘 소설에 이토록 열광한 이유는 무엇일까? 소설 『82년생 김지영』의 일본 사회 수용에 관한 논문을 발표한 후쿠시마 미노리(福島みのり)는 일본 여성 독자들이 소설의 주인공인 '김지영의 삶'에서 '자신의 삶'을 발견했기 때문이라고 진단한다.[26]

전통적으로 일본의 여성들은 직접 자신의 목소리를 내는 데 익숙하지 않다. 2018년 전 세계적으로 '#MeToo 운동'이 뜨거웠던 당시에도 이례적으로 일본에서는 #MeToo 운동이 사회적 담론의 수준으로까지 확산하지 못했다. 심지어 도쿄의대 입학시험에서 이미 10년 전부터 여자 수험생들에게 일괄적으로 감점을 줌으로써 남학생을 우선 선발했던 사실이 알려져 엄청난 사회적 논란[27]이 불거졌을 당시에도 일본에서 이 문제는 '젠더 문제'가 아닌 단순한 '입시부정 사건'으로 집중 조명을 받으며 관계자들의 사과와 진상조사 및 재발 방지 약속 등 '개별적 사건', '개인의 문제'로 처리[28]되고 축소됐을 정도였다.

이처럼 그동안 남녀 차별과 다양한 사회적 이슈에 적극적으로 목소리를 내지 못한 채 살아온 일본 여성들은 "자신들이 현실에서 실현시키지 못했던 삶을 멋지게 대변하며, 잊고 있던 자신들의 언어를 전해준"[29] 한국의 페미니즘 문학과 드라마에 열광했다. 그런 점에서 『82년생 김지영』을 일본어로 번역한 사이토 마리코(斎藤真理子)와 역시 한국문학 번역가이자 작가인 고노스 유키코(鴻巣友季子)가 진단한 『82년생 김지영』의 이례적인 일본 열풍의 원인은 의미심장하다.

두 사람은 『82년생 김지영』이 '번역 문학'이었기 때문에 일본에서의 성공이 가능했다고 강조한다. 한일 양국의 여성들이 그동안 겪어온 경험이 비슷하다고 해도 일본에서는 『82년생 김지영』을 일본에 그대로 대입한 『82년생 사토 유미코』[30] 같은 소설은 결코 나올 수 없었을 것이라고 말한다. 일본의 소설들은 일본 근대문학의 독특한 장르인 사소설(私小說)[31]의 영향으로 지나치게 현실적이기 때문에 오히려 같은 주제를 담은 문학이 나왔더라고 하더라도 거리 감각을 가질 수 없었을 것이며, 한국 소설이었기 때문에 일정한 거리 감각을 유지하면서도 감정이입이 가능해 많은 독자로부터 공감을 얻을 수 있었다[32]는 것이다.

즉, 사소설의 강한 영향으로 사회를 객관화하고 문학을 통한 사회비판적 성격이 약한 일본 문화의 토대 아래에서 익명성에 기대어 '공감의 목소리'를 내는 데 익숙한 일본인의 특성이 한국의 페미니즘 소설과 드라마 〈사랑의 불시착〉에 등장한 여성 캐릭터에 그대로 투영되었다고 해석할 수 있을 것이다.

## 웃음 코드 속에 담긴 일본의 만자이 요소

드라마 〈사랑의 불시착〉에 담긴 웃음 코드가 일본의 전통 예능 중 하나인 만자이(漫才)[33]와 형식과 내용이 매우 유사하다는 점도 일본인이 이 드라마에 특히 열광한 이유 중 하나로 꼽을 수 있다. 만자이는 일반적으로 두 명의 콤비로 이루어진 스탠딩 개그라 할 수 있으며, 두 사람은 각각 '보케(ボケ)'와 '츳코미(突っ込み)' 역할을 맡는다. '보케'는 상식이나 합리성의 일반적인 수준을 벗어나 엉뚱한 말이나 행동을 하는 역할을 맡고, 또 다른 한 명인 '츳코미'는 보케의 말이나 행동을 비난하거나 교정해주는 역할을 맡는다.[34]

헤이안(平安) 시대부터 시작된 만자이는 에도(江戸) 시대를 거쳐 현재에 이르기까지 현대적 레퍼토리를 통해 대중적 공연 양식으로 발전했고, 많은 마니아층을 확보하며 여전히 인기를 얻고 있다. 일본에서는 개그, 만담, 코미디 등 예능을 보통 '오와라이(お笑い)'라고 부르는데, 이것이 '웃음'을 뜻하는 단어인 '와라이(笑い)'의 경어형이라는 점에서도 알 수 있듯 현대의 일본 예능 프로그램을 비롯해 관객을 웃기기 위한 예능, 그리고 그 속에 담긴 웃음 코드는 기본적으로 만자이의 형식과 내용을 담고 있다고 할 수 있다.[35]

본래 만자이는 신년을 축하하기 위해 한 사람은 북을 치며 축하의 말을 전하고, 또 한 사람은 그 북소리에 맞춰 춤을 추며 각 가정을 돌던 거리예술의 한 형태로서 '만자이(萬歲)'라 불렸다. 이후 쇼와(昭和) 초기(1930~1934), 요코야마 엔타쓰(横山エンタツ)와 하나비시 아챠코(花菱アチャコ)[36]가 콤비를 이루어 '대화(対話)'만으로 만담을 이어가는 일명 '수다 만자이(しゃべくり漫才, 샤베쿠리 만자이)'를 창조해 엄청난 인기를 누렸고, 현재 일반적으로 쓰이고 있는 '만자이(漫才)'

라는 용어는 바로 이 시기 이후에 정착된 것이다.[37]

만자이의 성패를 가르는 가장 중요한 요소 중 하나는 '속도감'이다. 구체적으로는 다양한 소재를 매우 속도감 있는 에피소드로 꾸며 나가는 것으로, 흔히 영화 등에서 대사와 대사, 행동과 행동 사이의 시간 간격을 일컫는 말인 '마(間)'가 만담에서는 매우 짧은 것이 특징이다. 이는 관객이 알아차리기 전에 상대의 비약이나 엉뚱함, 바보스러움을 공격하기 위해서일 뿐만 아니라 반응의 '속도'에 사람들의 웃음을 끌어내는 코드가 있다.[38] 이는 현대 만자이의 대표적인 형식이기도 한 '가케아이(掛け合い)', 즉 두 사람 간의 말의 교섭이자 담판, 흥정이며 대화의 '티키타카(tiqui-taca)'가 낳는 웃음이다.

드라마 〈사랑의 불시착〉이 만들어내는 웃음 속에는 완벽한 '가케아이 만자이(掛け合い漫才)'가 보인다. 4중대원 중 윤세리와 앙숙 관계를 이어가는 표치수(양경원 분), 서단의 엄마인 고명은(장혜진 분)과 그의 남동생 고명석(박명훈 분), 서단(서지혜 분)과 구승준(김정현 분), 그리고 장교 사택단지의 여인들에 이르기까지 사실상 드라마에 등장하는 모든 캐릭터의 대화에는 일본인에게 너무나 익숙하고 친숙한 '가케아이 만자이' 요소가 담겨있다.

(2화) #리정혁 집에 와서 지하수 공사하는 중대원들을 마루에 앉아 바라보는 윤세리

윤세리: 근데… 아까부터 무슨 삽질을 그렇게 해?

표치수: 왜 같어? 도덕 없는 남조선 에미나이 확~ 파묻으려고 하디…

김주먹: 중대장 동지 집에 지하수 공사하는 겁니다. 중대장 동지가 동무를 지켜주라고 그랬는데, 의심받지 않고 부대 밖

으로 나올 구실이 좀 필요해서 말이디요.

윤세리: 니네 중대장 동지가 그러래? 나 지켜주래?

표치수: 지켜주기는… 감시하라는 거다. 응? 남조선 간첩이 무슨 흉악한 짓을 할지 모르니까…

윤세리: 넌 이름이 뭐야?

표치수: 표치수다, 왜!

윤세리: 응… 넌 통일되면 이민 가는 게 좋을 거야. 내가 표치수 너 어떻게든 찾아내서 확~ 파묻어버릴 거니까…

표치수: 어허… 저 은혜도 모르는 에미나이. 넌 이름이 뭐니?

윤세리: 바보니? 내가 그걸 왜 가르쳐주니~

표치수와 윤세리의 대화는 조금의 지체도 없이 속사포로 이어진다. 이들이 만들어내는 속도감으로 인해 시청자는 기존의 드라마에서처럼 등장인물들이 만들어내는 대화의 흐름 속에 참여하며 상대방의 대사를 상상해보고 반응을 취하기도 전에 등장인물들이 쏟아내는 대사와 대사, 대사와 반응 사이에서 만들어지는 예상치 못한 웃음을 즐기게 된다.

이러한 만자이 요소들은 웃음을 유발하는 엔터테인먼트적 속성뿐만 아니라 때로는 사회나 인간에 대한 신랄한 풍자를 품기도 한다는 점에서도 공통된다. 강경희는 웃음에 "우리가 살고 있는 세계야말로 희극을 가장한 철저한 비극의 시대임을 역설적으로 드러내려는 반성의 목소리"가 있으며, "이 시대의 웃음 뒤에는 언제나 세계에 대한 비판의 칼날이 있다"[39]라고 지적한다. 그런 점에서 어떤 웃음은 우리가 살고 있는 사회의 비극적이고 부조리한 현실을 그 어떤 것보다 리얼하게 반영하기도 한다.

드라마 〈사랑의 불시착〉에 등장하는 웃음의 이면에는 남북분단의 현실이 지닌 비극적 요소가 담겨있다. 위에서 예로 든 "넌 통일되면 이민 가는 게 좋을 거야, 내가 표치수 너 어떻게든 찾아내서 확~ 파묻어버릴 거니까"라는 대화를 통해 시청자는 윤세리와 표치수의 앙숙 관계가 만들어내는 유쾌한 웃음을 즐김과 동시에, 남과 북이 가진 비극적인 현실을 자연스럽게 떠올리게 된다. 이러한 사례는 드라마 곳곳에 다수 등장한다.[40]

현실 속에 분명히 존재함에도 마음대로 갈 수 없는, 세계에서 유일한 공간인 북한은 그 어떤 판타지보다 강한 판타지를 느끼게 만드는 공간으로 탄생했으며, 그러한 공간에서 만들어진 만자이 요소를 품은 코미디는 일본인에게 드라마를 더욱 친숙하게 느끼고 몰입할 수 있도록 만들어주었다.

## 리얼한 북한의 일상 묘사와 '쇼와 노스탤지어'

일본인이 드라마 〈사랑의 불시착〉에 열광적인 반응을 보인 또 하나의 이유로 드라마에 담긴 강한 복고적 색채를 들 수 있다. 주로 북한을 배경으로 한 공간과 그 공간 속에서 살아가는 북한 주민의 삶을 통해 드러난 복고적 색채는 일본 사회에서도 유행하고 있는 이른바 '쇼와 레트로(昭和レトロ)', '쇼와 노스탤지어(昭和ノスタルジア)'[41]와도 그 맥이 닿아있다. 사전적인 의미로 노스탤지어(Nostelgia)는 그리스어로 '귀환'이라는 뜻을 가진 '노스토스(Nostos)'와 '고통, 괴로움'을 뜻하는 '알고스(Algos)'의 합성어로, 흔히 '고국(고향, 집)으로 돌아가고 싶지만 갈 수 없는 상황으로 인한 고통스러운 갈망', '과거에 대한 감성적인

그리움'으로 정의된다. 단순히 고향을 떠나 있을 때 고향을 그리워하는 향수병(homesickness)과 달리 노스탤지어는 개인이 경험한, 그리고 가치가 있다고 느끼는 자신의 과거를 그리워하는 현상을 말한다.

사람들이 노스탤지어를 느끼는 가장 큰 이유는 '시간의 불가역성(不可逆性)' 때문일 것이다. 과거, 현재, 미래로 흐르는 시간은 한 번 지나가면 절대로 되돌릴 수 없다. 그런 점에서 노스탤지어는 근본적으로 되돌아갈 수 없는 과거에 대한 기억에서 비롯된다. 드라마 〈사랑의 불시착〉에 등장하는 공간, 그중에서도 북한은 과거 일본인이 1950~1960년대에나 경험했을법한 생활상과 매우 비슷한 풍경들로 채워져 있다.

홀락과 하블레나(Holak & Havlena)는 노스탤지어를 불러일으키는 대상으로 사람, 사물, 사건을 언급했다. '사람'은 사람들과 직접적으로 관련된 경험뿐만 아니라 사물이나 사건과도 관련되어 향수를 느끼게 할 수 있고, '사물'은 유·무형의 자극을 포함하여 사람들의 노스탤지어를 불러일으키는 자극제가 될 수 있으며, '사건'은 앞의 두 대상과 긴밀히 연결되는 것으로 특정 사건에 대한 추억을 자극할 수 있고, 사건의 기억도 촉발시킬 수 있다.[42]

〈사랑의 불시착〉에는 현재 일본에서는 절대 경험할 수 없는 과거의 일, 잊고 있었던 '사건'과 '사물', 그리고 이것들과 관련한 추억과 경험 등 노스탤지어를 자극하는 에피소드와 풍경 등이 속속 등장한다. 지금은 좀처럼 찾아보기 힘든 이웃들과 함께 한 상에 둘러앉아 식사하는 장면이라든가, 시도 때도 없이 소소한 음식을 들고 이웃집에 찾아가 나누어 먹는 장면이 등장한다. 남에게 닥친 일을 마치 자기 일처럼 발 벗고 나서는 일도 흔하다. 어느새 혼술, 혼밥은 물론 옆집에 누가 사는지도 모른 채 살아가는 생활에 익숙해진 현대인에게 드라마

〈사랑의 불시착〉 속 북한 주민의 모습은 일본인을 '우리에게도 저렇게 인정이 넘치고 따뜻했던 때가 있었지' 하는 회상에 젖게 만든다.

북한의 상류층에게는 익숙하고 흔하지만 여전히 일반 인민에게는 꿈의 가전제품으로 통한다는 냉장고를 소유하는 일, 혹 있더라도 잦은 정전으로 인해 제 역할을 하기가 어려워 책장으로 사용하는 장면 등은 쇼와 30년대(1950년대)에 이른바 '산슈노진기(三種の神器)'[43]로 불리던 서민의 꿈의 가전제품인 TV, 냉장고, 세탁기 등을 처음 갖기 시작했을 당시의 행복함을 떠올리게도 만든다.

프레드 데이비스(Fred Davis)는 자신의 저서 『노스탤지어의 사회학』에서 노스탤지어의 체험이 유발되는 필요조건으로 '좋았던 과거, 나쁜 현재'라고 하는 명확한 대칭[44]을 강조한다. 즉, 노스탤지어는 과거를 긍정하는 심리이자 과거와 비교해 현재 상황이나 조건에 불만이 있는 경우에 생겨나는 의식이라는 것이다.[45] 이를 다른 말로 바꾸면, 노스탤지어란 시대의 혼란 속에 상처를 받은 개인 혹은 집단의 정체성에 달라붙어 그것을 재인식하게 해주는 수단이라고도 할 수 있을 것이다.

드라마 〈사랑의 불시착〉의 장면, 특히 북한이라는 공간에서 펼쳐지는 희로애락과 사람 사는 이야기는 비록 생활수준이 낙후되고 불편한 점은 많았지만 인정(人情) 넘치고 푸근한 배려가 있던 일본의 1950~1960년대 쇼와기를 떠올리게 하며, 동시에 당시보다 물질적으로 훨씬 더 풍요로운 삶을 살고 있지만 오히려 더 큰 소외감과 결핍, 불안감을 안고 살아가고 있는 현실을 통해 각 개인의 '현재', '지금'을 되돌아보게 만든다. 더불어 이러한 과거를 경험하지 못한 젊은 세대들은 기성세대들이 느끼는 쇼와 노스탤지어에서 또 다른 새로움과 신선함을 발견하는, 이른바 '뉴트로(new-tro)' 콘텐츠를 경험하게 된다.

세대와 성별을 초월한 일본인의 공감을 불러일으킨 중요한 요소로 작용한 것이다.

## OTT 드라마 〈사랑의 불시착〉의 일본 내 열풍의 의의와 가치

지금까지 일본 사회에 4차 한류 붐을 촉발시킨 TV 드라마 〈사랑의 불시착〉의 서사 특징, 그리고 이것이 일본의 사회문화적 배경과 어떠한 상관관계를 갖고 있는지 살펴보았다. 필자는 이 글을 통해 다음과 같은 점들을 확인했다.

첫째, 북한을 배경으로 한 독특한 설정은 남성 시청층의 확대에 크게 기여했다. 이는 급변하는 동북아 정세와 상존하는 북한 핵·미사일 공격에 대한 위협, 그리고 여전히 해결되지 못한 일본인 납치 문제 등 북일 관계에 민감한 남성 시청층의 관심을 드라마로 유도한 결과라 할 수 있을 것이다. 특히 그동안 공개되지 않았던 북한 주민의 리얼한 삶의 모습을 드라마에 녹여냄으로써 한국 드라마에 대해 상대적으로 관심이 적었던 남성들의 호기심과 흥미, 신선함과 집중도를 높이는 역할을 했다.

둘째, 드라마 속 여성 캐릭터들을 통해 발현된 주체적 여성상은 현실에서는 불가능했던 일본 여성들의 목소리를 대변해줌으로써 대리만족과 더 큰 공감으로 이어졌고, 이는 드라마 흥행의 주요 요소로 작용했다.

일본의 가부장 제도는 일본 여성들의 지위와 범주를 단적으로 드러내는 상징과도 같다. 1898년 공포된 민법(民法)의 친족편(親族編)에 나타난 근대 가부장 제도의 규정을 보면, 모든 국민은 '이에(家)'에 소속될 것, 그리고 그 이에의 구성원은 '가장(家長)'의 통제하에 놓일 것을 법적으로 정하고 있다. 민법에서 '이에'는 남계장자상속(男系長子相続)이 되며 모든 구성원, 즉 그 집의 가족은 '이에'의 계승에 봉사한다. 여성은 온전히 가장의 관리하에 놓이고, 결혼한 후에는 시댁의 '이에'에 들어간다. '딸'인 동안은 그 집의 '아버지'에 의해 관리되고, 결혼해서는 '남편'에 의해 관리되는 것이다.[46]

시대가 변했다고는 하지만, 일본 여성들은 여전히 남편에게 종속돼 있다는 인식과 잔재가 여전히 강하게 존재한다. 일본어로 남편이 '주인'이라는 뜻의 '슈진(主人)'이라는 점과 여성의 희생을 강조하는 말의 대명사인 '현모양처(賢母良妻)'가 일본에서는 보통 '양처현모(良妻賢母)', 즉 어머니의 역할보다 좋은 아내로서의 역할이 더 강조되는 것만 봐도 잘 알 수 있다.

이처럼 뿌리 깊은 가부장제 사회 속에서 일본의 여성들은 여성의 지위가 상승하고 여성의 사회적 역할이 강조되는 현대사회에서조차 여전히 당당하게 자신들의 목소리를 내지 못하고 살아왔다. 이러한 문화적 배경 아래 일본의 여성들은 본론에서 강조한 바와 같이 번역문학인 한국의 페미니즘 소설을 통해서라도 자신들의 목소리를 찾고, 이를 통해 현실에서는 경험하지 못했던 통쾌함을 대리만족했다. 드라마 〈사랑의 불시착〉에 등장하는 여성 캐릭터들에 대한 일본 여성들의 환호와 열광은 바로 이러한 흐름의 연장선상에서 나왔다고 할 수 있을 것이다.

드라마 〈사랑의 불시착〉에 대한 일본인의 이러한 반응을 통해 알 수 있는 점은 한국 드라마가 지속적으로 글로벌 경쟁력을 갖기 위해서는 세계적인 시대 변화에 민감하게 대응해야 한다는 점이다. 드라마 〈겨울연가〉가 일본 한류의 시작을 알렸던 2004년 당시에는 일본의 중년 여성들을 중심으로 '순정', '그리움' 등에 대한 노스탤지어의 정서가 강한 공감을 받았다면, 2020년 이후 드라마 〈사랑의 불시착〉을 통해서는 세계적인 미투운동을 계기로 젠더 의식에 강한 공감을 느끼는 여성들이 늘어나고 있다. 이는 비단 일본뿐만 아니라 여성의 지위가 상대적으로 낮은 동남아시아와 아랍권 국가들에서 드라마 〈사랑의 불시착〉이 다른 드라마에 비해 더 큰 인기몰이를 하고 있다는 점만 봐도 확인할 수 있다.

셋째, 일본인이 드라마 〈사랑의 불시착〉에 열광한 이유 중에는 등장인물들의 대화가 만들어내는 웃음 코드 속에 일본인에게 익숙한 일본 전통 예술인 만자이(漫才) 요소가 담겨있기 때문으로도 분석할 수 있다. 현대 만자이에 가장 많이 쓰이는 '가케아이 만자이' 형식은 두 사람의 속도감 있는 핑퐁 대화를 통해 예상치 못한 웃음을 만들어냄으로써 시청자에게 엔터테인먼트적 기능도 충실히 선사했다. 이는 향후 K-드라마가 글로벌 경쟁력을 더욱 높이기 위해 개성 있는 한국적 스타일을 개발하는 것도 중요하지만, 동시에 세계의 문화 가운데 보편성을 획득할 수 있는 요소들을 발굴해내고 이를 작품에 적극적으로 반영함으로써 더욱 풍성한 소재와 설정, 내용을 가진 드라마를 창조해내는 데 기여할 수 있다.

끝으로, 드라마 〈사랑의 불시착〉에 담긴 노스탤지어 요소가 전 세계적으로 붐을 이루고 있는 복고열풍과 만나 시너지 효과를 냈다는 점도 확인할 수 있었다. 특히 북한을 무대로 펼쳐지는 북한 주민의 일상은 일본인이 경험했던 쇼와 30년대의 추억과 경험을 소환해냈다. 최근 〈응답하라 1988〉이나 〈슬기로운 의사생활〉 등과 같은 한국 드라마가 아시아권은 물론 미국 등에서도 큰 인기[47]를 누리고 있다. 이는 세계적 수준에서 공통적으로 관측되는 노스탤지어 감성을 한국 드라마만이 표현할 수 있는 소재와 스토리, 설정 등에 녹여냄으로써 글로벌 경쟁력으로 이어가는 전략으로 활용하는 데 많은 시사점을 주고 있다.

초국가적으로 유통되고 있는 다양한 문화콘텐츠 중에서 문화적 차이나 유사성에 가장 민감하게 영향을 받는 것은 단연 'TV 드라마 콘텐츠'가 아닐까 한다. 이는 드라마가 다른 콘텐츠들보다 일상적인 삶의 모습을 보여주고 있기 때문이며 다층적인 사회문화적 메시지를 품고 있는 장르로, 드라마를 시청한다는 것은 그 사회의 문화와 일상적인 삶의 모습을 보는 것이라 할 수 있다. 그런 점에서 TV 드라마가 가지는 사회문화적 의미와 중요성은 매우 크다.[48]

최근 넷플릭스 등 글로벌 OTT 서비스를 중심으로 한 한국 콘텐츠들의 위세가 거세다. 전 세계적으로 화제를 모은 넷플릭스 오리지널 시리즈 〈오징어 게임〉은 '넷플릭스 전 세계 톱 10 TV 프로그램' 부문에서 장기간 1위를 지켰고, 이례적으로 넷플릭스가 동영상 서비스를 제공하고 있는 전체 83개국 모두에서 1위를 차지하는 등 신기록도 갈아치웠다.

〈오징어 게임〉이 이처럼 한국을 넘어 세계인에게 공감을 받는 이유는 극한 경쟁에 내몰린 무한경쟁사회, 생존의 문제 앞에 잔혹과 폭력이 난무하는 어두운 현실의 그림자, 그리고 게임 속 인물들을 통해 재연되는 인간의 이기심과 비인간성, 자기합리화의 모습 등 세계인이 공감할 수 있는 보편성을 충실히 담아내면서도 오징어 게임, 줄다리기, 달고나 등 한국적 요소를 독창적인 방식으로 담아내며 재미와 의미 등의 요소를 제대로 잡아냈기 때문이다.

OTT 시대, 한국의 콘텐츠들이 세계의 주목을 받고 있다. OTT 중심의 영상 미디어 산업의 재편이 가속화되면서 이른바 킬러 콘텐츠에 대한 관심도 높아지고 있다. 핵심은 역시 콘텐츠 IP다. 그런 점에서 풀어야 할 숙제도 만만치 않다. 〈오징어 게임〉은 한국에서 만들었지만, 투자한 넷플릭스가 IP(지식재산권)를 모두 가지고 있다. 제작비 외의 모든 수익을 넷플릭스가 가져가는 구조다. 〈오징어 게임〉이 전 세계적으로 열풍을 일으키며 시쳇말로 대박을 쳤지만, 그에 비하면 정작 한국의 제작팀들이 얻은 이익은 미미하다. 단순히 개별 콘텐츠의 성공 여부에 일희일비할 것이 아니라 세계적으로 인정받고 있는 콘텐츠 강국 한국이 넷플릭스 등 글로벌 OTT 거대 기업들의 하청 기지로 전락하지 않도록 깊은 고민이 필요할 때다.

1 일반적으로 '사회현상'은 사회에서 관측된 모든 현상을 가리키는 말이지만 일본에서는 사회의 두드러진 현상, 즉 '열풍', '붐'의 다른 말로 '사회현상화'라는 표현을 쓴다. 즉, 어떠한 현상이 일정 사회 내에서 보편적이면서 광역으로 관측되어 그것들이 일련의 현상으로서 인식되고 있는 상황을 가리킨다.

2 NHK 〈홍백가합전〉은 일본 가수들에게도 '꿈의 무대'로 불리는 일본 최고의 연말 특집 프로그램으로, 일본 내에서 〈홍백가합전〉 출연은 일본 최고의 인기 가수로 인정받았다는 상징으로 통한다.

3 "韓流ブーム、また起きているの?", 『朝日新聞』, 2020.8.11.

4 야마다 다카오 마이니치신문 특별편집위원은 2020년 9월 10일 기명 칼럼에서 모테기 도시미쓰 일본 외무상에게 〈사랑의 불시착〉을 봤느냐고 물었을 때 "전부 봤다"라고 답했다는 에피소드를 실었고, 하시모토 도루 전 오사카부 지사 역시 방송에 나와서 "2, 3회 정도 보고 그만둘까 했는데 16화까지 전부 보고 말았다"라며 "방에 틀어박혀 보다가 자기 전 이부자리에서도 계속 봤다"라는 일화를 소개하기도 했다(김현길, "'사랑의 불시착' 시작… 일본이 또 '한류 클라쓰'에 흠뻑 빠졌다", 『국민일보』, 2020.8.18).

5 "'사랑의 불시착' 현빈, 日 신조어 유행어 대상 수상", 『한국경제』, 2020.12.2.

6 "ネットフリックス、国内有料会員が500万人を突破", 『日本経済新聞』, 2020.9.7.

7 오현석, 「대중문화에 나타난 타자로서의 '일본': 문화권력의 작동과 저항성을 중심으로」, 『일본학보』 122, 한국일본문화학회, 2020; 고길희, 「일본의 "한류"와 "혐한류"로 본 한일관계: "다원화 내셔널리즘"을 모색하며」, 『일본근대학연구』 17, 2007; 호사카 유지, 「한일 양국의 문화정책과 일본에서의 한류 붐 고찰」, 『日本思想』 9, 한국일본사상사학회, 2005; 渡邉聡, 石井健一, 「韓流と韓国イメージ : ナショナリズム的態度との関係」, 『国際関係・比較文化研究』 11(1), 静岡県立大学国際関係学部, 2008 등 다수.

8 김수정, 「일본 사회의 '한류'의 위상에 관한 연구: 인터넷, 신문, TV보도를 중심으로」, 전남대학교 석사학위논문, 2007; 이지은, 「일본인의 한국관 변화에 관한 연구: 한류가 일본에 미친 영향 분석을 중심으로」, 광운대학교 석사학위논문, 2006; 아라이 요꼬, 「한류 붐에 따른 일본인 관광객의 방한 목적과 선택요인」, 경운대학교 산업정보대학원 석사학위논문, 2015; 한영균, 「일본인의 한류수용에 따른 한국인식의 변화」, 『한일관계사연구』 48, 한일관계사학회, 2014; 金恵媛, 「韓流受容と韓国認識の多様化」, 『山口県立大学学術情報』 4, 山口県立大学, 2011 등 다수.

9 김동주, 「한류의 경제적 효과: 관광, 문화컨텐츠 산업을 중심으로」, 『日本研究』 12,

明知大學校 附設 日本問題硏究所, 2004; 김기영, 「한류를 통한 뷰티 산업의 경쟁력 강화 방안 연구」, 『조형미디어학』 18(4), 한국일러스트아트학회, 2015; 박동렬, 「일본의 외래문화 유입요인으로 분석한 한류산업의 형성과 발전 연구」, 『문화산업연구』 13(2), 한국문화산업학회, 2013 등.

10 오현석, 「일본의 한류 현상에서 나타난 내셔널리즘: 셀러브리티 현상을 중심으로」, 『일본문화학보』 85, 한국일본문화학회, 2020, 35쪽.

11 일본에서는 이른바 〈겨울연가〉 현상의 중심에 여성 시장을 개척하고자 하는 철저한 기업의 마케팅 전략과 연출, 그리고 그 결과 매스미디어에 의해 대중소비사회를 사는 '소비자로서의 여성의 이미지'만이 증폭되었다는 젠더 관점에서의 비판의 목소리도 존재한다(박규태, 「한류담론과 일본문화」, 『일본학연구』 24, 일본연구소, 2008, 45쪽).

12 오리콘 뉴스 설문조사 결과 인용 및 번역(https://www.oricon.co.jp/news/2172255/full/)

13 "男性層もハマった『愛の不時着』アンケート調査", 『ORICON NEWS』, 2020.9.18.

14 "日 흔드는 '사랑의 불시착'… 남성이 더 열광」, 『스포츠동아』, 2020.9.21.

15 일본에서 꾸준히 한류 콘텐츠를 번역해온 작가 구와하타 유카(桑畑優香)는 마이니치신문에서 2020년 불어닥친 일본 내 한류 현상을 다음과 같이 설명했다. "중년의 엄마는 (배용준의) 〈겨울연가〉 이후 처음으로 한류에 빠지고, 딸은 한국 아이돌에 빠져 K-상품이 많은 도쿄 신오쿠보에 간다. 집안의 이런 분위기에 아빠도 한국 콘텐츠에 대한 거부감이 줄었다"("영국은 '봉쇄'·일본에선 '3밀'… 코로나가 유행시킨 말들", 『머니투데이』, 2020.12.6 기사 참조).

16 이를 위해 〈사랑의 불시착〉은 영화를 전공한 탈북민 출신을 보조 작가로 기용해 북한에 대한 방대한 자료조사는 물론 검증작업을 통해 극중 에피소드의 리얼리티를 높였다는 점에서도 이슈가 되었다.

17 "'사랑의 불시착' 측 박지은 작가 2008년 기획… 탈북인 보조 작가 검증", 『조선일보』, 2019.12.18 기사 참조.

18 "愛の不時着が描く「理解できぬ他者」の魅力 内田樹さん", 『朝日新聞』, 2020.7.31.

19 물론 북한에 대한 친근감만이 부각된 것은 아니다. 드라마 〈사랑의 불시착〉을 두고 한국 내에서는 북한을 미화한 것 아니냐는 지적이 나오기도 했으며 드라마의 폭발적인 인기 이후 남북한을 중심으로 다양한 논쟁도 불거졌다("현빈·손예진 '사랑의 불시착'… '북한 미화' vs '드라마는 드라마로 봐야'", 『한국경제』, 2019.12.16). 북한은 드라마에서 묘사된 북한의 낙후된 경제 상황과 인권 탄압적 측면에 대해

성명을 통해 "완전한 왜곡과 날조로 우리의 밝은 현실을 극악하게 모독한 영화와 극들을 만들어 버젓이 유포시키고 있는 남조선 당국과 해당 제작사들은 동족을 악랄하게 모해한 대가를 반드시 치르게 될 것"이라는 경고를 내놓기도 했다("북한, '사랑의 불시착' 인기에 발끈… '우리 공화국 헐뜯어'", 『연합뉴스』, 2020.3.4).

20 "北 미사일, 日 상공지나 북태평양 낙하… 한미일 초비상", 『news1』, 2017.8.29; "日, 도쿄 도심서 첫 北미사일 대피훈련", 『문화일보』, 2018.1.22.

21 북한에 의한 일본인 납치 문제가 표면화된 것은 대한항공 여객기 폭파사건의 범인으로 지목된 김현희가 1991년 5월 내·외신 기자회견에서 북한에서 자신의 일본어 교육을 담당했던 이은혜가 일본에서 납치된 다구치 야에코(田口八重子)라는 여성이며, 끌려왔다는 말을 들었다는 증언을 한 데서 비롯되었다. 이후 일본은 1991년 북일 국교 정상화 회담에서 처음으로 이은혜(다구치 야에코)에 대한 신원 확인을 요청하고 납치 의혹을 처음으로 공식 문제로 제기했는데, 북한의 강력한 부인으로 1992년 제8차 북일 수교 교섭이 중단되기에 이른다. 2002년 9월에 있었던 김정일 국방위원장과 고이즈미 수상의 제1차 북일 정상회담에서 김정일 국방위원장이 일본인 납치 문제와 관련해 처음으로 인정하고 생존자 귀환과 납치 문제에 대한 사과 및 재발 방지를 약속했다. 하지만 이후 북한이 일본에 보낸 요코타 메구미(1997년 납치)의 유골이 가짜로 판명되면서 북한에 대한 일본 내 여론이 강경책으로 돌아섰고, 고이즈미 총리의 북한과의 관계 정상화 시도 또한 실패함으로써 양국 관계는 더욱 악화되었다. 이후 일본의 정권교체와 북한의 핵실험, 미사일 발사 등으로 일본의 대북 제재가 강화됨에 따라 납치 문제 또한 큰 성과 없이 현재까지 이어지고 있다(최은미, 「북일 납치문제에 대한 아베내각의 인식 및 방침 변화 분석: 「소신표명연설」과 「시정방침연설」을 중심으로」, 『국가전략』 25(4), 통권 90호, 세종연구소, 2019, 116-119쪽).

22 2020년 9월 새롭게 출범한 일본 스가 요시히데 총리는 최근 유엔 총회 연설에서 "김정은 위원장과 조건 없이 만날 의사가 있다"라는 점을 강조했고, 전임 아베 총리 또한 유엔 총회 연설과 시정 연설 등에서 북한의 핵, 미사일, 납치 문제 해결을 강조했다. 2018년 9월 유엔 총회에서는 "납치, 핵 미사일 문제의 해결 이후, (북한과) 불행한 과거를 청산하고 국교 정상화를 목표로 하는 일본의 방침은 변함이 없다. … 납치 문제 해결을 위해 김정은 위원장과 직접 대면할 용의가 있다"라는 발언을 한 바 있으며, 2019년 시정 연설에서는 "북한의 핵, 미사일, 그리고 가장 중요한 납치 문제를 위해 상호불신의 껍질을 깨고 김정은 위원장과 직접 대면하여 모든 기회를 놓치지 않고 과감하게 행동하겠다"라고 밝힌 바 있다(日本 外務省 홈

페이지 자료: 総理大臣演説過去の記録).

23 일본 여성들이 남긴 드라마 리뷰 중에는 일본에서 만들어진 드라마였다면 절대 나올 수 없는 장면으로 이 장면을 꼽는 사람들이 많았다.

24 「'사랑의 불시착' 씩씩한 여성 덕… 일본서 또 달아오르는 한류 붐」, 『중앙일보』, 2020.8.8. 이 외에도 〈사랑의 불시착〉의 일본에서의 한류 붐 현상과 여성 캐릭터의 주체적이고 독립적인 여성상의 관계를 연결하여 분석한 평론이나 언론 보도가 잇따랐다. 「韓流ドラマ「愛の不時着」が描く、ポスト#MeToo時代のヒーロー像」, 『VOGUE japan』, 2020.4.14; 「ハマる人続出の『愛の不時着』の魅力と新しいジェンダー観」, 『webマガジン mi-mollet』, 2020.6.6 등 다수가 있다.

25 「『文藝』創刊号以来86年ぶり異例の3刷: 韓国文学に集まる注目」, 『日本産経新聞』, 2019.8.22.

26 福島みのり, 「日本社会における『82年生まれ、キム・ジヨン』の受容: 日本の女性は自らの生をどう言語化したのか」, 『常葉大学外国語学部紀要』 36, 2020, 8쪽.

27 「東京医大の入試不正「女性差別」、動機にカネ調査報告」, 『朝日新聞』, 2018.8.8; 「東京医大、女子受験者を一律減点 男女数を操作か」, 『日本経済新聞』, 2018.8.2.
관련 사건의 조사 과정에서 대학 관계자들은 "시험 성적대로 선발할 경우 여학생들 합격자가 많아지는데, 여자는 육아나 출산 등으로 이직률이 높아서 일선 병원에서는 그다지 선호하지 않는다"라는 해명을 해서 더 큰 비판을 받기도 했다.

28 후쿠시마 미노리, 「『82년생 김지영』에 열광한 일본 독자들, 그 이후는 어떻게 되었을까」, 『문화과학』 102, 문화과학사, 2020, 195-198쪽 참조.

29 후쿠시마 미노리, 「『82년생 김지영』에 열광한 일본 독자들, 그 이후는 어떻게 되었을까」, 『문화과학』 102, 문화과학사, 2020, 200쪽.

30 『82년생 김지영』의 일본어판을 출판한 치쿠마쇼보(筑摩書房)는 이벤트를 기획하면서 『82년생 김지영』을 일본의 실정에 대입할 경우, 1982년 일본에서 태어난 여자아이들 가운데 가장 많은 이름은 유미코(由美子)로, 여기에 일본에서 가장 흔하고 많은 성씨인 사토(佐藤)를 붙여 『82년생 사토 유미코』라는 조사 결과를 내놓기도 했다.

31 사소설(私小說)은 1920년대에 등장한 일본 근대문학의 독특한 한 장르로서 일본의 자연주의와 리얼리즘의 영향을 받아 사실의 충실한 재현, 노골적인 묘사 등으로 현실과 픽션의 관계를 좁히려고 시도한 고백문학의 일종이다.

32 「対談 斎藤真理子×鴻巣友季子 世界文学のなかの隣人: 祈りを共にするための「私たち文学」」, 『文藝』秋2019, 河出書房新社, 2019, 52-64쪽 참조.

33 일본의 만담을 일컫는 말

34 유양근, 「일본 코미디영화의 웃음 코드와 기능: 2013~2014 흥행작을 중심으로」, 『日本學硏究』 53, 단국대학교 일본연구소, 2018, 180쪽.

35 이상우, 「일본 라쿠로(落語)·만자이(漫才)를 통해 본 우리나라 만담의 향후 과제」, 『인문사회21』 216(4), (사)아시아문화학술원, 2015, 596-597쪽 참조.

36 横山エンタツ(1986~1971), 花菱アチャコ(1897~1974): 다이쇼(大正), 쇼와(昭和) 초기에 크게 활약한 만자이시(漫才師)이자 배우

37 日高水穂, 「漫才の賢愚二役の掛け合いの変容: ボケへの応答の定型句をめぐって」, 『國文學』 101, 関西大学国文学会, 2017, 416쪽.

38 「일본 코미디영화의 웃음 코드와 기능: 2013~2014 흥행작을 중심으로」, 『日本學硏究』 53, 단국대학교 일본연구소, 2018, 181쪽.

39 강경희, 「우리 시대 웃음의 의미: 희극적 상상력과 유희정신」, 『리토피아』 8(4), (사)문화예술소통연구소, 2002.

40 윤세리가 자신을 보살펴준 4중대원들에게 감사의 마음을 전하기 위해 상장을 수여하면서 1등인 군인 금은동에게 줄 상품으로, 언제 실현될지도 모를 '통일 버전 1억 원'을 약속하는 장면(3회), 리정혁의 약혼녀인 서단의 어머니와 그의 남동생인 서단의 외삼촌이 이미 서단에게서 마음이 떠난 리정혁의 마음을 붙잡기 위해 노력하는 장면(5화) 등에서도 강하게 드러난다.

41 2000년대 들어 일본에서는 쇼와 시대의 이미지가 대중문화를 통해 눈에 띄게 소비되기 시작했다. 영화, 텔레비전 방송, 잡지, 음악 등의 대중매체는 전후의 쇼와 시대, 특히 쇼와 30~40년대 전후를 조명했는데, 이 시기는 1950년대 중반부터 1960년대 후반에 이르는 시기로 고도성장기에 해당한다. 일본 각지에 테마파크나 마을을 조성하는 관광 상품으로도 이어진 쇼와 시대 붐은 '쇼와 노스탤지어'라고 불리며 일종의 사회현상으로 자리 잡았다. 침략전쟁의 상흔과 고도경제성장기의 기적이 교차한 1950~1960년대는 64년 동안 지속된 쇼와 시대 중에서도 가장 극적인 시기라 할 수 있으며, 고도성장이 남긴 빛과 그림자에 대한 평가를 차치하더라도 1980년대 말 버블경제 붕괴 후 경기 침체가 장기화되면서 현실에 대한 불안과 불만이 과거의 화려했던 고도성장기에 대한 향수를 불러일으켰다(박세연, 「히다카 가쓰유키의 쇼와 노스탤지어란 무엇인가: 기억과 급진 민주주의 미디어학」, 『한국근현대미술사학』 36, 한국근현대미술사학회, 2018, 345쪽 참조).

42 김민채·전수진, 「레트로 디자인에 나타난 노스탤지어의 기호학」, 『Journal of Digital Interaction Design』 18(1), 인제대학교 디자인연구소, 2019, 117쪽. 김민채와

전수진은 홀락과 하블레나가 노스탤지어를 불러일으키는 대상으로 지적한 사람, 사물, 사건에 시점, 공간, 이미지를 덧붙여 여섯 가지를 노스탤지어의 대상으로 정리하여 레트로 디자인에 나타난 노스탤지어의 기호학을 흥미롭게 분석했다.

43 일본에서는 고대로부터 『일본서기』에 '삼종(三種)의 신기(神器)'라 불리는 소중한 보물이 대대로 전해지고 있다. 이는 일본의 왕위 계승 표지로 야타노카가미(八咫鏡), 야사카니노마가타마(八坂瓊曲玉), 구사나기노쓰루기(草薙劍)로 구성되어 있다. 전후(戰後) 일본에서는 새로운 시대의 필수품으로 TV, 냉장고, 세탁기를 역대 천황에게만 전해지는 삼종 신기에 비유하여 새로운 생활·소비 습관을 나타내는 언론 주도의 카피로 풍요로움과 동경의 상징으로 활용했다.

44 F. デーヴィス, 『ノスタルジアの社会学』, 世界思想社, 1990, 24쪽.

45 矢吹まい, 「なぜ今昭和に心惹かれるのか: 映画 『ALWAYS 三丁目の夕日』に見る昭和ブーム」, 『表現文化』 3, 2008, 98쪽.

46 칸 사토코, 「근·현대 일본의 연애 사정: '한류(韓流)' 열풍의 배경」, 『여성학논집』 23(1), 이화여자대학교 한국여성연구원, 2006, 257-258쪽 참조.

47 "요즘 미국에서도 인기라는 5년 전 '한드'에 뭉클", 『오마이뉴스』, 2020.10.1; "美 관광청 추천 영화촬영지 5선… 미국선 기생충 후 '웅팔' 역주행", 『헤럴드경제』, 2020.9.21.

48 전재희, 「한국과 일본의 TV 드라마콘텐츠 상호수용양상에 따른 서사코드 비교연구」, 한국외국어대학교 석사학위논문, 2013, ⅰ쪽.

이 글의 내용은 『스토리앤이미지텔링』 제20집에 게재된 필자의 논문 「TV드라마 〈사랑의 불시착〉의 서사특징과 일본 4차 한류 현상의 상관관계 연구」를 바탕으로 본서를 위해 가필·수정한 것이다.

# OTT 시대 AR 드라마 〈알함브라 궁전의 추억〉에 재현된 신화적 모티프

장은진

## 생존 공식 5: ICT를 활용한 과학적 판타지로 승부하라

한국 최초의 증강현실(AR: Augmented reality)드라마 〈알함브라 궁전의 추억〉은 현실 세계와 게임 속 세계를 넘나들며 3차원 가상 이미지와 공간의 경계를 허문 영상콘텐츠의 시도로 기록되었다. 넷플릭스가 추구하는 기술과 상상력의 결합, 아시아 콘텐츠 크리에이터들에게 요구하는 동양적이되, 전 세계인에게 글로벌하게 통용될 수 있는 판타지 서사를 증강현실이라는 도화지 아래 마음껏 그려낸 것이다.

## OTT 시대와 조우한 AR 드라마: 가장 과학적인 시대, 가장 신비로운 이야기

2018년 12월 tvN에서 방영된 드라마 〈알함브라 궁전의 추억〉은 tvN의 자사 동영상 서비스 TVING 외에도 이례적으로 방송 1시간 뒤 넷플릭스를 통해 전 세계에 공개되었다. 일본을 제외한 아시아 국가와 영어권 국가에 국내 방송과 1시간 간격을 두고 최초 공개된 것은 이 드라마가 처음부터 글로벌 시청자를 겨냥하고 제작된 것임을 알 수 있다. 〈알함브라 궁전의 추억〉(이하 알함브라)은 현실 세계와 게임 속 세계를 배경으로 공간 이동을 기반으로 한 송재정 작가의 판타지 드라마다. 시트콤 작가로 활동하던 송재정은 1998년 SBS 〈순풍 산부인과〉로 데뷔해 주로 시트콤 드라마를 연출한 김병욱 PD와 작업했으며, 대표작으로 〈웬만해서 그들을 막을 수 없다〉, 〈똑바로 살아라〉, 〈거침없이 하이킥〉 등이 있으며 〈크크섬의 비밀〉(2010) 이후 드라마를 집필하기 시작해 〈인현왕후의 남자〉(2012), 〈나인: 아홉 번의 시간여행〉(2013), 〈W〉(2016)를 거쳐 〈알함브라 궁전의 추억〉(2018)까지 시공간 초월 판타지물을 주로 발표했으며 가장 최근작 역시 판타지물인 웹툰 원작 〈유미의 세포들〉(2021)이다.

2012년 〈인현왕후의 남자〉를 시작으로 판타지 성향이 강한 작품들을 발표하기 시작한 송재정 작가는 〈알함브라〉에서 신화적 모티프의 변용을 통해 현실과 비현실, 기술과 감성, 이성과 야생의 사고가 혼재하는 신화적 세계, 다가올 미래세계 인간의 존재가치에 대해 작가의 사유와 철학을 펼쳐놓고 있다. 송재정 작가를 비롯한 수많은 드라마 작가들이 가장 과학적인 시대에 가장 신비롭고 주술적이며 비현실적인 판타지를 통해 대중에게 전달하려는 메시지는 무엇일까. 그리고 대중은 왜 이러한 이야기 속으로 빠져드는 것일까. 그것에 대한 해답은 본격적인 OTT 시대의 대격전지가 된 한국 드라마 시장에서 찾을 수 있을 것이다.

2018년 방송된 〈알함브라〉는 시간여행 대신 공간여행을 선택했다. 스마트 렌즈를 착용하면 가상 공간인 게임 'NEXT' 속으로 들어가게 되며, 그 게임 안에서 전투에 패배해 죽은 자가 실제 세계에서 지속적으로 부활하면서 주인공과 대립한다는 커다란 축으로 이야기가 진행된다. 언론을 통해 알려진 대로 송재정 작가가 〈알함브라〉의 아이디어를 얻은 것은 게임 〈포켓몬 GO〉였다. 2016년 나이언틱사의 〈포켓몬 GO〉가 국내에 상륙하자마자 벌어진 '속초 성지순례 사건'[1]을 통해 작가는 증강현실 게임 열풍을 이용한 드라마의 성공 가능성을 보았고, 그 가능성을 타진한 뒤 바로 1, 2회 대본을 썼다고 밝혔다.[2] 그리고 1년 뒤 작가의 상상력은 국내 최초의 증강현실 드라마로 탄생했다. 몇 달 앞서 발표된 스티븐 스필버그의 영화 〈레디 플레이어 원〉이 증강현실 게임 '오아시스'에 접속해 현실과 가상의 세계를 오가는 2045년의 풍경을 그려냈지만, 한국을 배경으로 한국의 드라마가 시도한 이 증강현실 드라마는 시도 자체로 학계와 문화콘텐츠 산업계에서 주목받기에 충분했다. 또한 〈레디 플레이어 원〉의 원작이 2012년 미국의 SF 문학작품에 수여하는 프로메테우스상[3]을 받았다는 사실에서 상징적인 의미를 읽어낼 수 있다. 인간을 창조한 신이자 신과 인간을 연결하며 인간에게 불이라는 지혜를 가져다주었던 신화 속 프로메테우스가 오늘날 가상세계를 넘어 메타버스의 시대에 안착한 현대인에게 시사하는 바는 매우 크다.

송재정 작가는 그간 인터뷰를 통해 자신의 작품 속 주인공들을 많은 부분 그리스 신화와 고전 속 캐릭터에서 차용한다고 밝힌 바 있

[그림 1] 넷플릭스 글로벌에 소개된 tvN 〈알함브라 궁전의 추억〉 해외판 포스터(출처: Google Image)

다. 신격보다 인격이 더 잘 나타나 있는 그리스 신화야말로 인간의 시기, 질투, 사랑, 증오, 욕망의 서사를 가장 잘 표현할 수 있는 이상적인 텍스트이기 때문이다. 송재정의 드라마는 등장인물들의 캐릭터와 서사에서 신화적 모티프를 현대적으로 변용하고 있으며, 작가의 세계관이 동일하게 반복된다. 신화적 모티프, 인과론에 따른 현세의 중요성, 현실과 비현실, 가상세계를 뛰어넘는 주인공의 의지와 간절한 사랑은 각자 다른 공간에서 동일하게 반복되는 평행우주 이론처럼 송재정이 구축한 세계에서 질서 있게 재편된다.

## 절반의 성공, 절반의 실패 〈알함브라 궁전의 추억〉

드라마의 화제성을 반영하듯 종영 후 현재까지 〈알함브라〉 관련 다수의 학술논문이 발표되었다.[4] 그중 강신규의 연구는 게임과 드라마의 장르적 결합에 대해 논의하고 있는데, 게임과 방송의 장르적 결합이 방송 소재 이상의 수준을 넘긴 했지만 인터랙티브 스토리텔링의 차원에서는 시청자가 이야기를 끌어가는 방식의 게임화에는 미치지 못했다고 비판했다. 이를 미디어문화 연구자 제임스 뉴먼은 "상호작용적(interactive)이 아닌 능동적 수용(active)"이라고 표현했다.[5] 즉, 작가가 시청자의 반응을 내용 전개와 결말에 반영할 수 있음에도 이를 받아들이지 않고 고전적인 방식대로 드라마의 결말을 끌고 갔다는 것이다. 강신규의 연구는 뉴미디어 연구자로서 게임과 드라마의 장르적 결합을 화두로 수용자의 역할을 논하며, 게임과 증강현실이라는 시도는 좋았지만 결론에 가서는 애매모호한 결말로 절반의 성공에 머물고 만 〈알함브라〉의 한계점에 대해 정확히 지적하고 있다.

이에 비해 강혜진의 연구는 문학적 시각에서 고전문학과 철학적 사유의 측면에서 〈알함브라〉를 분석하고 있다. 특히 〈알함브라〉가 가진 서사의 특징을 고전문학 『이생규장전』의 서사구조와 비교한다. 〈알함브라〉의 결말에서 가장 중요한 '믿음이라는 대안'은 어찌 보면 게임의 인터페이스 안에서 모든 게 과학적 논리로 맞아떨어져야 하는 공학자들이 보기에는 어불성설일 수 있지만, 환상성을 인정하는 인문학자에게는 최 씨 여인에 대한 이생의 믿음과 같은 맥락[6]으로 받아들여진다. 『이생규장전』의 이생이 사랑하는 여인의 실체가 귀신이든 요괴이든 그냥 보이는 것 자체로 믿어주는 '존재 자체의 수용'은 희주가 진우의 소멸 이후 부활 혹은 재생의 가능성을 부정하는 박선호 이사 앞에서 진우가 살아있음을 믿는다고 말하는 부분에서 재현된다. 그리고 이 결말은 판타지로서 〈알함브라〉의 정체성을 확실하게 보여준다. 강혜진의 연구는 진우가 소멸된 것이 아니라 자신만의 던전에 살아있음을 암시하는 최종회의 마지막 장면에 대해 과학적 논리의 잣대가 아닌 인문학자로서 환상적 결말에 옹호적 입장을 취하고 있다. 강혜진의 연구는 고전 서사의 문학적 가치와 현대적 변용을 조명했다는 점과 수용자들 사이에서 논란이 많았던 〈알함브라〉의 결말에 대해 비교적 호의적인 자세를 취하고 있다는 점에서 강신규의 비판과 차이를 보인다. 〈알함브라〉를 비교문학적 텍스트로 분석한 견해와 뉴미디어 콘텐츠로서 소통의 측면으로 바라본 두 편의 연구는 각각 유의미한 가치를 가지고 있다고 할 수 있다. 강혜진의 주장대로 환상 서사가 '인간이 앞으로 실현시킬 상상력을 미리 실험해놓은 보고서'라면 첫 실험의 실패에도 불구하고 게임 속 세상과 현생을 드라마로 만든 시도 자체에 큰 의미를 부여할 수 있을 것이며, 소통의 맥락에서 향후 인터랙티브 드라마의 시대가 열린다면 〈알함브라〉가 보여준 절반의 성공을 딛고 더 큰 판타지 세계를 구축할 가능성이 열려 있기 때문이다.

이러한 연구들을 바탕으로 공간초월 서사물인 〈알함브라〉의 서사에 나타난 작가의 주제 의식과 수용자들에게 전달하는 메시지를 살펴보면 수많은 신화와 성경, 종교적 모티프가 내재되어 있고 이는 송재정 드라마 서사의 유사성과 반복된 주제, 즉 작가적 세계관을 알 수 있다. OTT 시대 메타버스를 유영하고 있는 수많은 수용자는 넷플릭스가 선택하고 사랑한 한국의 드라마 크리에이터 중에서 유독 신화적 모티프를 꾸준히 활용하고 있는 송재정의 신화적 세계관을 만날 수 있는 것이다.

## 〈알함브라〉 서사에 나타난 신화적 모티프의 변용

〈알함브라〉 속 진우의 여정은 말할 나위 없이 험난하다. 게임 속에서 처치한 형석이 현실 세계에서 죽은 미스터리를 풀기도 전에 끊임없이 부활하여 자신을 괴롭히고 그것을 해결해줄 게임 설계자 세주를 찾으려면 마스터 수준의 고난이도 레벨업을 통과해야 하기 때문이다. 이러한 두 주인공의 험난한 여정은 그동안 우리가 접했던 단순한 영웅을 뛰어넘어 불가에서 말하는 8고(苦)의 고통을 수반한 현대적 영웅의 모습을 보여준다. 디지털 시대를 배경으로 고전적 영웅 신화『오디세이』속 오디세우스처럼 고난과 갈등을 넘어 혹독한 시련 속에서 영웅으로 거듭나는 모습을 그려내고 싶었다는 작가의 말처럼 〈알함브라〉의 유진우는 승전가를 울리며 귀향하는 고전적 영웅 헤라클라스 대신 불완전한 능력과 결핍으로 고통받는 영웅 프로메테우스이자 오디세우스에 가깝다.

진우는 대중을 매혹시킬 게임을 발견하고 상용화시킬 상상에 흥분하지만, 게임 설계자 세주를 찾아서 현실과 게임 속 상황이 뒤엉킨 비밀을 풀어야 하는 미션 완수의 지난(至難)한 과정을 거쳐야 한다. 형석과의 게임 저작권 확보 전쟁에서 승자가 되어 귀환하지만, 매번 기타 소리와 함께 부활하는 망령으로 인해 평생 고통받는 싸움을 되풀이한다. 낮에는 독수리에게 뜯긴 간이 밤이 되면 자라나고 낮이면 다시 고통이 되풀이되는 '부활-재생-소멸'의 순환을 겪는 프로메테우스의 원형이 활용된 것이다. 그뿐 아니라 〈알함브라〉에는 파괴와 창조의 여신 파티마, 카인과 아벨의 희생양, 이를 지켜보는 불행한 여인인 마리아의 원형이 등장한다.

### 진격의 프로메테우스 vs. 불멸을 거부한 오디세우스

진우는 재벌이지만 두 번의 결혼 실패로 사랑에 대한 불신과 결핍이 있다. 이러한 결핍의 영웅들은 자신의 선택으로 세상 사람들과 대중을 이롭게 하지만, 당사자는 프로메테우스와 같은 고통 속에 놓이게 된다. 진우는 게임의 저작권을 손에 넣는 과정에서 희주에게 저작권 100억 원의 가치와 저작권자로 등록된 보니타호텔의 인수 의도를 떳떳하게 밝히지 않고 숨김으로써 세주라는 절대자의 게임을 훔친 자, 프로메테우스의 원형을 획득한다. 프로메테우스의 목적이 영웅 의식의 발로(發露)이자 불로써 인간을 널리 이롭게 하자는 의도였던 것처럼 진우 역시 게임으로 인해 세상이 더 재밌어지고 마법에 빠지기를 고대한다. 인류가 불을 사용하며 발전하듯이 게임을 즐기는 이들이 많아지고 그라나다, 나아가 전 세계가 마법의 도시가 되기를 꿈꾼다. 그러나 훔친 자의 결말은 신의 응징과 혹독한 형벌이다. 그런 고통 속에서도 프로메테우스의 원형을 가진 진우는 좌절하지 않고 의지를 불태운다. 신에게서 불을 훔친 자, 그리고 신에게 대적한 진우는 자신의 운명을 개척하고 끊임없이 운명의 벽에 부딪혀 나아가는 진격의 프로메테우스를 보여준다. 이런 모습은 신성(神性)보다는 인간에 가까운 신의 속성을 그대로 보여준다.

안숭범은 현대의 영상 서사에 재현된 포스트 프로메테우스의 두 양상을 '훔친 자'와 '묶인 자'로 분류하고, 전자가 창조적 파괴자라면 후자는 파괴적 창조자라고 분석했다.[7] 이러한 훔친 자와 묶인 자의 프로메테우스 변용에 주인공들을 대입시켜보면 〈알함브라〉 속 게임의 저주에 묶인 진우는 스스로를 던져 자신을 파괴하지만, 더 큰 희생을 막고 던전 속에서 새로운 창조자로 부활한다는 점에서 파괴적 창조자로 볼 수 있을 것이다.

또한 진우가 마지막 100레벨의 마스터가 되면서 얻은 황금의 열쇠를 엠마에게 주지 않고 소멸을 피해갈 수 있었음에도 버그인 자신을 소멸시킨 것은 승전가를 울리며 귀향한 오디세우스가 아틀라스의 딸 칼립소가 제안한 불멸불사의 삶을 거부하고 다시 죽음을 앞둔 인간의 삶을 선택한 것이 연상된다.

### 파괴와 재생의 신 파티마 vs. 게임 속 엠마와 현실의 희주

파티마는 모하메드의 딸이자 이슬람 시아파 교도들의 삼위일체 신인 모하메드-파티마-알리 중 한 명인 상징적인 인물이다. 모하메드는 파티마를 '가장 위대한 마리아'라 칭했으며 수니파 교도들은 파티마를 '광채를 내는 여인', '빛나는 여인'과 비너스 행성을 뜻하는 아랍어 Zuhara에서 어원이 유래된 'az-zahara'로 불렀다. 파티마는 아들 하산을 9시간 만에 허벅지에서 출산했으며, 최후 심판의 날 낙원으로 들어가게 될 최초의 인간이라는 신화도 있을 만큼 신성화된 인물이다.[8]

[그림 2]에서 볼 수 있는 알함브라 궁전 정의의 문에 새겨진 '파티마의 손'이 열쇠와 만나는 날 천국의 문이 열리고 성이 무너진다는 전설은 진우가 찾은 열쇠를 엠마의 손에 내미는 순간 엠마가 진우의 가슴에 열쇠를 깊이 찔러넣는 [그림 5]의 장면과 합치된다. 파티마 여신은 창조와 재생의 파티마를 의미함과 동시에 드라마 속에서 버그를 삭제하는 파괴의 여신 엠마로 표현된다. 이렇듯 드라마 안에서 매우 중요한 상징적 장치로 쓰인 '파티마의 손'은 그라나다가 위치한 스페인 남부와 북아프리카 길거리 어디에서나 [그림 3]처럼 흔하게 만나볼 수 있고 이는 터키의 '악마의 눈(Nazar boncuğu)'처럼 주술적 의미를 갖고 있다. 파티마의 손은 또 다른 이름인 '함사(hamsa)'로도 불리는데, 알함브라 궁전에 매료되어 1년가량 실제로 스페인 그라나다에 거주하며 여행기를 소설로 발표한 낭만주의 작가 워싱턴 어빙(Washington Irving)의 『알함브라』에도 등장한다. 파티마의 남편 알리가 바

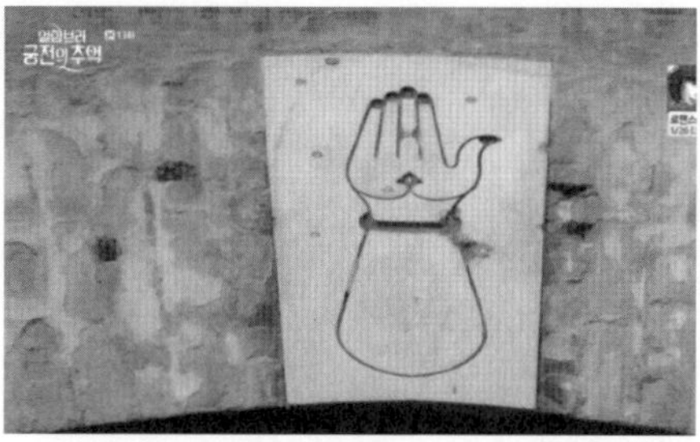


[그림 2] 정의의 문에 새겨져 있는 파티마의 손

[그림 3] '함사'로도 불리는 파티마의 손

(출처: tvN 〈알함브라 궁전의 추억〉)

람을 피우고 그 여자를 집으로 데려오자, 파티마가 놀라 국자를 떨어뜨린 뒤 충격에 손을 뜨거운 국물에 데인 통증도 잊은 채 국물을 계속 저었다는 이야기다.[9] 그때부터 '파티마의 손'은 인내의 상징이 되었으며, 이것은 희주가 1년이 넘는 시간 동안 인내하며 진우를 기다린다는 설정과 연결된다. 파티마의 손을 가진 엠마가 진우를 버그로 인식해 가루로 소멸시킴과 동시에 부활시키는 열쇠도 그녀가 쥐고 있음을 암시한다. 이는 파괴이자 재생의 의미로 쓰인 파티마 여신의 모티프를 활용한 것이다.

이슬람교의 여신 파티마의 손이 천국의 열쇠와 맞닿는 순간 새로운 세계가 열린다는 신화적 모티프를 활용한 상상력은 〈알함브라〉의 환상성을 보여주는 장치로 작동한다.

> 카페 알카사바, 오류의 시작이 여기서부터였을 거라는 건 처음부터 짐작 가능한 일이었다. 365일 비와 천둥, 번개와 〈알함브라 궁전의 추억〉이 흐르는 곳. 더 엄밀히 말하면 시작은 엠마에서부터였을지도 모른다.
>
> \- 13화 진우 내레이션

앞의 13화 진우의 내레이션처럼 여주인공 희주가 NPC(Non Player Character) 엠마로 등장하면서부터 엠마의 팜므파탈적 성격이 드러난다. 『오디세이』 속 오디세우스는 귀환하는 배에서 세이렌의 유혹에 시달린다. 오죽하면 바다에 뛰어들지 못하게 자신을 밧줄로 꽁꽁 묶어 달라고 했을까. 엠마의 기타 소리로 대체된 세이렌의 목소리는 진우를 유혹한다. 레벨업을 통해 게임의 비밀을 풀고 던전에 갇혀있던 세주를 구해내면 자신도 되풀이되는 죽음의 게임에서 해방되리라 믿었던 진우에게 파티마 여신인 엠마는 세이렌으로 돌변한다. 열쇠를 구해 승전가를 울리며 돌아온 오디세우스 진우에게 [그림 4]처럼 열쇠를 달라고 손짓한 뒤 망설일 틈도 없이 심장에 칼을 박아버리는 엠마의 모습에서 오디세우스에게 마지막 죽음의 유혹을 한 세이렌의 모습이 중첩된다. 구원인 동시에 파괴이며, 파멸인 동시에 재생인 파티마 여신은 NPC 엠마의 캐릭터 속에서 유혹과 팜므파탈의 신화적 모티프인 세이렌의 모습으로 변용되어 나타난다. 결국 진우의 심장에 칼을 찔러넣고 버그로 인식된 진우를 가루로 'Delete(삭제)'시킨현생에서 그에게 구원이었던 희주는 게임 속 엠마로 변해 그를 파괴하는 것이다.

수많은 드라마 내러티브의 신화적 구조에서 종교적 모티프로 등장하는 여성 캐릭터의 신격은 악의 상징이자 정복의 대상으로 표현됨과 동시에 가장 억압적인 형태인 팜므파탈로 나타난다.[10] 작가가 현실에서 한없이 지고지순한 희주에게 게임 속 팜므파탈의 엠마, 유혹하는 파괴의 신 세이렌의 원형을 부여한 것은 파멸과 구원의 동시성을 재현한다. 게임 속 엠마는 진우를 소멸시킨 파괴자이지만, 현실에서의 희주는 아이러니하게도 자신이 소멸시킨 진우를 믿음으로 기다린다. 마리아가 예수를 찾아갔을 때 이미 부활했던 것처럼 희주는 이미 가상의 세계로 떠난 진우를 만날 수 없지만 그가 살아있음을 믿는다.

[그림 4] 엠마에게 천국의 열쇠를 주는 진우

[그림 5] 파티마의 손이 된 NPC 엠마가 진우를 찌른다

(출처: tvN 〈알함브라 궁전의 추억〉)

다시 돌아올 거라는 믿음 앞에서 속세의 시간은 흘러간다. 결국 게임 속으로 진우를 찾아간 희주가 그를 재회하게 될 것을 암시하며 그녀의 믿음은 완성된다. 1인 2역, 두 개의 캐릭터가 보여주는 재생과 파괴, 순수와 타락의 아이러니는 파티마가 가진 양의성(兩意性)을 대변한다. 여기서 성녀이자 구원자로서의 파티마와 파멸의 나락으로 떨어뜨리는 세이렌적 파티마의 양가적(兩價的) 가치체계의 모순이 발생한다.

신화의 결정적 가치는 대립, 곧 모순 대칭되는 두 항목을 매개하는 상징에 달려있다.[11] 파티마의 손에 의해 진우는 삭제됐지만, 파티마는 부활과 재생의 힘을 가지고 있다. 작가는 앞으로 그들이 게임 속에서 다시 만나 행복해질지, 게임 속 진우가 현실로 돌아올 수 있을지 매듭짓는 대신 그를 발견하고 바라보는 희주의 간절함으로 막을 내린다. 복원의 힘을 가진 파티마 희주가 더 큰 희생을 막고자 자신을 희생한 프로메테우스 진우를 단단한 믿음으로써 구원할 것이라는 희망만을 제시한 채. 가상세계에서 파멸에 이르게 한 존재가 현실에서 구원의 존재로 양립하는 아이러니가 발생하지만, 작가는 파티마를 파괴의 여신에서 재생의 여신으로 남겨둔 것이다.

〈알함브라〉에서 진우의 첫 번째 아내이자 현재 그의 친구이자 라이벌인 형석의 아내가 된 수진은 진우와 이혼한 후 형석의 아이를 임신한다. 남편의 절친이자 자신을 오랫동안 흠모해온 형석과 불륜을 저지른 수진은 진우의 상처와 고통에서 자유로울 수 없다. 이러한 원죄를 안고 있는 마리아는 죄사함 받기를 원하나 현실은 그리 녹록지 않다. 〈알함브라〉의 수진은 형석의 죽음으로 결국 행복한 가정을 이루고자 했던 평범한 소망을 이루지 못한 채 자살 시도를 할 만큼 고통 받는다.

여기서 중요한 장치가 작동한다. 마르코가 살아나 세주를 괴롭히고 형석이 살아나 진우와 끝없는 대결을 하는 이 지긋지긋한 저주의 반복을 끝낼 유일한 방법은 버그 삭제 후 게임의 재부팅이다. 자신의 존재를 포함한 모든 비정상적 존재의 삭제, 즉 'Delete'의 의미는 희생양 모티프를 연상케 한다. 반 게넵(Van Gennep)의 희생양 이론에 따르면 희생양이 짊어져야 할 것은 그 시대 모든 인간이 씻고자 하는 부정한 것들의 집합체이자, 그 집단의 없애고 싶은 치명적인 약점, 아킬레스건과도 같은 추악한 것들이다. 르네 지라르(Rene Girard)는 '희생양 메커니즘'을 통해 이를 주장하며 메커니즘이 작동하기 위한 전제 조건으로 '희생 위기'의 돌발을 들고 있다.[12] 희생 위기에 노출된 공동체는 희생 제의를 준비하고, 희생 대체물의 가치를 파괴하는 폭력을 행사한다. 이 과정에서 희생제물은 공동체의 내부에서 발생하는 비극적 폭력과 불행을 외부로 몰아내는 기능을 수행한다.[13] 진우는 게임 속에서 길고 외로운 싸움을 하면서 세주를 구해내고 자신도 살고자 하지만, 그토록 제거하고 싶었던 버그가 결국 자기 자신이었다는 것을 알고 자신을 희생하기로 마음먹는다. 엠마에게 열쇠를 건넨 순간 모든 걸 통제할 수 있는 마스터가 됨과 동시에 자신은 희생되는 딜레마 속에서 결국 진우가 한 줌의 가루로 소멸되는 장면은 비극적 결말을 알고도 희생양의 운명을 받아들였다는 것을 의미한다. 이것은 진우의 죽음을 통해 더 큰 희생을 막고 모두가 구원받는 희생양 신화를 보여준다. 진우를 비롯해 차형석, 차 교수, 조력자이자 비서인 서정훈까지 진우와 동맹을 맺은 자들이 모두 소멸됨으로써 게임과 현실이 혼재된 상태에서 신규 게이머들이 계속 죽어나가는 사태를 막고 게임의 오류를 해결하는 희생 제의가 이루어진 것이다.

## 신화적 모티프 변용에 나타난 작가의 세계관

송재정 작가는 〈알함브라〉 종영 이후 한 매체와의 인터뷰를 통해 자신의 작품을 규정짓는 특별한 세계관에 대해 첫째, 피폐한 남자 주인공, 둘째, 규칙이 있지만 무규칙으로 비치는 세계, 마지막으로 주인공을 지배하는 멜로, 즉 낭만적 사랑 이 세 가지라고 밝힌 바 있다.[14] 피폐한 남자 주인공은 완벽한 영웅이 아닌 결핍을 가진 영웅이다. 드라마 수용자들은 영혼과 육체가 망가지고 무너진 주인공을 통해 감정적으로 쉽게 몰입하며 인간적인 면모에 오히려 매력을 느낀다. 〈나인: 아홉 번의 시간여행〉에서 불행한 과거사로 인해 유년의 상처를 가진 채 성장해 행복의 입구에서 뇌종양 판정을 받은 앵커 선우나 〈알함브라〉 속 사회적 저명인사이자 게임벤처사업으로 재력가가 된 진우도 알고 보면 두 번의 이혼으로 만신창이가 된 피폐한 남자 주인공이다.

과거 코믹 시트콤을 주로 집필했던 송재정 작가가 만든 인기 캐릭터를 보면 로맨틱하고 매력적인 주인공 대신 극단적인 성향을 가진 캐릭터 창조에 공을 들였음을 알 수 있다. 그것은 스토리보다 강렬한 캐릭터 위주로 대중에게 각인되는 그녀의 주 전공인 시트콤의 장르적 특성에 기인한다. 〈순풍 산부인과〉(1998)의 짠돌이 백수 사위 박영규나 〈거침없이 하이킥〉(2006)의 야동 순재, 호박고구마 나문희 같은 캐릭터가 오랜 기간 시트콤의 스토리보다 '캐릭터'로서 기억되는 것이 그 사례다. 작가 데뷔 후 15년 가까이 시트콤의 법칙에 익숙했던 작가가 만들어낸 캐릭터는 이렇듯 '피폐한 남자 주인공'처럼 한마디로 요약되는 극단적 특성이 있어야 함은 물론, 이런 캐릭터와 극중 인물 관계를 강화시키기 위한 장치로 '행위의 반복'을 선택한다. 시트콤 내에서 자주 쓰이는 동일한 상황의 반복, 단어 의미의 확대 재생산, 상황에 따라 반복 등장하는 부적, 향초, 칼이나 총 같은 사물의 대조적 의미 설정 등의 기법[15]은 송재정 작가가 드라마로 장르를 바꾼 뒤에도 자주 사용하는 장치들이다. 이러한 반복적 행위를 통해 수용자는 캐릭터에 익숙해지고 전적으로 몰입하게 된다.

두 번째, 무규칙으로 비치는 세계는 시트콤이 추구하는 즉흥적인 상황, 기승전결의 짜임새보다 돌발 상황에서 오는 웃음을 추구하는 시트콤의 장르적 특성에 오랜 기간 익숙해진 작가의 성향을 보여준다. 마지막으로 사랑의 감정을 다루는 멜로물, 송재정 작가의 낭만적 사랑이라는 세계관은 지금까지 발표한 드라마 속 남자주인공의 대부분이 여자주인공에 의해 구원받는 피폐한 남자 주인공이라는 공통점을 지녔다는 점에서 설득력을 가진다.

지금까지 〈알함브라〉에 등장하는 주요 인물이 가지고 있는 신화적 원형—프로메테우스와 오디세우스, 세이렌과 파티마, 오이디푸스, 카인과 아벨, 마리아 같은—모티프 변용의 의미를 살펴보았다. 그 결과 작가가 말하고자 하는 주제 의식, 즉 송재정 작가의 세계관에 대해 다음과 같이 추출해볼 수 있다.

### 시공간 초월, 경계의 재구성을 통한 구원의 서사

〈알함브라〉는 스페인 그라나다와 서울이라는 두 이질적인 공간을 오가며 현실과 게임이라는 완전히 다른 두 세계를 연결한다. 이러한 시공간 초월과 경계의 재구성을 통해 일관되게 펼쳐놓는 주제 의식은 결국 결핍의 주인공들을 구원하는 것이다. 〈넥스트〉라는 게임 속 공간에 갇힌 진우는 비극적 결말을 맞는 듯 보이지만, 드라마 끝부분에 진우를 구원해줄 희주의 존재가 부각됨으로써 진우의 구속과 유폐는 한시적이라는 결말을 암시한다. 이러한 구원의 존재론적 세계관은 송재정 작가의 전작 드라마 〈W〉(2016)에서도 웹툰 속 인물 강철의 생명을 구하고 유한한 존재에 영생을 불어넣고자 하는 연주의 의지에서도 드러난다.

### 절대악의 응징과 인과응보의 진화

송재정 작가의 작품에서 공통적으로 나타나는 세계관 중 두 번째 요소는 절대악의 응징과 인과응보의 진화다. 주로 타임슬립 역사 판타지물에서 전형적인 클리셰로 다뤄지는 인과응보는 원인을 따르는 결과와 인간의 업보라는 동양적 세계관을 보여준다. 과거와 달리 현대 드라마 속 캐릭터들의 선과 악의 경계와 정의가 모호해짐에 따라 오히려 선을 깨부수고 파괴하는 악인인 빌런(villain)의 등장에 대중은 열광하고 환호한다. 그렇듯 송재정 작가의 드라마에서도 전통적 개념의 선인보다는 개성 있는 악인이 두드러지게 나타난다. 〈나인: 아홉 번의 시간여행〉에서도 악역 최진철은 병원장이라는 목표 달성을 위해 살인을 방조하고 교사·은폐하는 악행으로 폭주하는 캐릭터를 표현하며 결국 미래에서 온 선우를 죽음으로 몰아넣는 절대악의 상징으로 등장했다. 이를 두고 조연 최진철 역을 맡은 정동환의 재발견, 입체적인 악역 캐릭터 탄생 등의 찬사가 이어졌다. 〈W〉에 이어 〈알함브라〉에서 악인 캐릭터로 등장한 김의성은 웹툰 캐릭터 강철이 사는 세상을 창조한 사이코패스 웹툰 작가로 등장하며 〈알함브라〉에서는 대중의 여론을 의식해 친아들의 죽음을 묵인하고 진우를 살해하는 악인으로 등장한다. 이런 절대악의 캐릭터를 응징하는 주인공들은 나약한 모습으로 악에 맞서다가 실패하기도 하고 무력한 모습을 노출하기도 하지만, 꿋꿋하게 절대악을 제거해나간다. 송재정 작가의 드라마 속 악인들은 〈나인〉의 최진철과 〈알함브라〉의 차 교수처럼 비참한 죽음을 맞거나 〈W〉의 오성무처럼 얼굴을 뺏기고 점차 소멸해간다. 이러한 악인과 주인공의 대립을 통해 나타나는 주제 의식은 '결국 악행은 응징되며, 이러한 악인과 선인 모두 과거의 행위가 현재로 연결된다'라는 인과응보적 세계관이다.

터너(Victor Turner)는 신화가 전달되는 순간은 시공을 초월해 영원히 반복되는 원형으로 빨려 들어가는 제의적 시간이라고 했으며, 오늘날 드라마를 통해 우리는 일상 속에서 신화의 제의적 시간으로 끊임없이 유도되고 있다.[16] 드라마 속 속죄 의식과 희생양 제의를 통해 이를 지켜보며 받아들이는 수용자는 자신이 가지고 있는 은밀한 죄의식을 용서받는 정서적 교감을 느낀다. 그리고 동양적 세계관인 인과응보는 기독교적 세계관인 희생과 용서 모티프와 결합해 입체적으로 변신한다. 단순히 뿌린 대로 거둔다는 논리의 인과응보를 지나 주체의 헌신적 희생을 통해 달라진 인과응보 세계관을 보여주고 있다. 결투 금지 구역인 엠마 앞에서 살인을 시도한 마르코가 게임 속 대결에서 죽은 뒤에도 지속적으로 되살아나는 저주를 받는 것, 친구의 아내를 뺏은 형석이 반복된 죽음의 형벌을 받는 것 역시 인과응보 세계관으로 해석된다. 〈알함브라〉를 통해 보여주는 희생양 모티프는 기독교적 세계관인 속죄와 희생을 통해 절대악을 해결하고, 모든 주인공은 인과론이라는 동양적 세계관 속에서 움직인다. 이로써 과거의 잘못을 풀기 위한 해법은 결국 진실한 참회와 용서, 희생이라는 작가의 주제 의식을 강력하게 전달한다.

## 피폐한 영웅의 절대 의지와 사랑의 힘

〈알함브라〉에서 송재정 작가가 확인시킨 자신의 세계관은 결핍과 난관을 뚫고 목표를 향해 나아가는 인간의 절대 의지다. 〈알함브라〉는 AI 시대, 증강현실이라는 최첨단 과학 문명을 배경으로 게임 속 캐릭터들과 맞서 고독하게 싸우는 진우의 모습을 통해 자신이 야기한 첨단과학의 망령에 고군분투하는 투쟁에 가까운 인간의 절대 의지를 보여준다. 진우가 그토록 처절하게 홀로 싸웠던 이유는 자신을 짓누르는 형석의 망령에서 해방되고 싶은 것이 가장 큰 이유였겠지만, 앞으로 계속 일어날 희생을 막고 자신이 사랑하게 된 연인의 동생을 찾아내어 이 모든 것을 해피엔딩으로 매듭짓기 위한 대의적 명분이 있었기 때문이다. 이러한 인간의 절대 의지에 대한 묘사는 온갖 위험을 무릅쓰고 죽을 수도 있는 상황에도 또다시 스마트 렌즈를 낄 수밖에 없는 고달픈 진우의 모습을 통해 오늘날 바이러스와 사투를 벌이는 우리의 모습을 투영함과 동시에 결국 불가능을 가능케 만드는 인간의 절대 의지를 보여주고 있으며, 이는 피폐한 영웅의 또 다른 모험담을 통해 보여지는 작가의 드라마적 세계관의 큰 축을 담당한다.

〈알함브라〉는 게임과 멜로물의 융합을 시도한 최초의 드라마로서 멜로를 즐겨보는 20~40대 여성 시청자와 AR 드라마에 관심을 보인 20~30대 남성 시청자의 관심을 동시에 사로잡는 데는 실패했지만, 희주의 헌신적 사랑을 통해 핍진성의 부재를 잠시 잊게 만드는 송재정 드라마 속 사랑의 힘이라는 DNA를 발견하게 한다. 그것은 〈인현왕후의 남자〉에서 서로 다른 시간 속에 존재하는 두 사람을 연결하는 부적은 태워져 사라졌지만 희진의 간절함이 500년 전 남자 붕도를 다시 현실로 소환하는 장면이나 〈나인〉에서 과거에 갇혀 죽은 선우가 어린 주민영에게 각인시킨 자신의 존재에 대한 기억의 힘, 〈알함브라〉에서 모두가 포기한 진우의 존재를 끝까지 기다리는 희주의 믿음이 던전 속에 갇힌 진우를 소환하는 장면에서 입증된다. 존재의 소멸, 기억의 망각과 회복 같은 판타지의 전형적인 클리셰는 오직 사랑의 힘으로 극복될 수 있다는 논리로 설명되며, 그것은 오로지 절실한 사랑과 진정성을 담보로 한다.

## OTT 시대, 메타버스를 유영하는 이들을 위한 판타지를 꿈꾸며

〈알함브라〉는 게임과 드라마의 결합을 시도한 최초의 증강현실 드라마이자 신화적 모티프를 통해 구원, 인간의 절대 의지와 낭만적 사랑이라는 작가의 세계관을 효과적으로 전달하고 있다는 점에서 오늘날

재주술화된 신화의 시대를 살고 있는 현대인에게 시사하는 바 크다. 〈알함브라〉 속 진우는 신과 인간의 중간자적 존재로 변화와 지식을 추구하는 프로메테우스의 또 다른 모습이며 그 대가로 고통 받고 결국 소멸되는 운명을 맞이하지만, 강한 의지와 상대방의 절실한 믿음으로 스스로를 구원한다. 그뿐만 아니라 또 다른 신화적 모티프인 부친 살해 오이디푸스와 희생양 제의, 불행의 씨앗을 잉태한 마리아, 파괴와 재생의 여신 파티마와 세이렌, 절대적 신에 의탁하는 나약한 나르시시스의 모티프로 변형되어 나타나고 있다. 송재정 작가는 인간의 불완전함과 유한성, 결핍을 채우고자 하는 인간의 욕망과 금기에 도전하는 프로메테우스의 도전과 영웅 오디세우스의 여정을 신화적 원형을 통해 현대적으로 변용시켰다. 이러한 신화적 모티프의 변용으로 시공간을 초월한 경계의 재구성을 통해 구원의 서사를 펼치며 인과론에 따른 현세의 중요성, 절대악의 응징과 정의수호에 대한 인간의 절대 의지, 비참한 현실의 나락에서 구원으로 이끄는 불가능을 가능케 하는 진정한 사랑의 가치는 송재정 작가의 세계관이자 대중에게 전달하고자 하는 핵심 메시지다.

한국 판타지 장르가 나날이 진화하고 발전하고 있는 현시점에서 〈알함브라〉가 보여준 가능성은 신화적 사고를 바탕으로 과학과 기술, 인간의 꿈과 현실, 가상과 현실의 공간을 의미하는 메타버스(Metaverse) 시대를 살고 있는 현대인에게 매우 유의미한 콘텐츠가 될 것이다. 드론을 띄우고 AI가 지배하는 환경 속에 살면서도 여전히 신화적 사고를 바탕으로 한 세계에 머물러있음을 보여주고 있으며 인간의 기술은 끊임없이 발전하고 있지만 인간의 이기적인 욕망이 만들어낸 바이러스라는 대재앙 앞에서 얼마나 무력하고 나약한 존재인지 깨닫는 순간, 그 불안을 해소하기 위해 끊임없이 비일상성을 가진 신화라는 탈출구로 발을 내디딜 것이다.

그런 의미에서 송재정 작가의 드라마는 본격적인 OTT 시대가 열린 지금, OTT 시장의 격전지가 된 한국의 K-드라마를 대표하는 드라마 크리에이터로서, '신화적 세계로의 귀환 시대'를 살고 있는 콘텐츠 수용자들이 신화와 과학의 공존에 대해 깊이 성찰할 수 있는 판타지 텍스트들을 끊임없이 제공한다. 앞으로 송재정 작가가 구축한 이러한 세계관이 좀 더 견고해지고 굳건해지려면 일관된 세계관을 재편하는 것에서 한발 더 나아가 대중이 요구하는 판타지의 핍진성을 확보하고, 인터랙티브 드라마 시대를 리드하는 창작자로서 결말에 대한 작가적 책임에 대해 깊이 있게 고민하고 접근해야 할 것이다. 더불어 코로나 팬데믹이 일상화된 현실과 본격적으로 메타버스 시대를 마주하고 있는 현시점에서 이러한 논의들이 OTT 시대 K-판타지 드라마를 대표하는 작가론으로 그 가치를 확장하는 시작이 되기를 바란다.

1 '포켓몬고 속초 성지순례 사건'이란 2016년 여름 〈포켓몬 GO〉 게임 속 몬스터들이 출몰하는 지역인 포켓스탑이 강원도 속초에 집중됨에 따라 그 지역에 관광특수 현상이 빚어진 것을 말한다. 강원도 속초시뿐 아니라 울산시 간절곶도 포켓스탑이 집중하는 현상이 일어나자 속초, 울산에 〈포켓몬 GO〉 게임 유저들의 지역방문 현상으로 인해 방문객이 늘어나고 관광객 매출 증가로 이어지는 이른바 포켓몬고 성지순례 사건이 벌어진 것이다.

2 한국콘텐츠진흥원, "참신함과 대중성, 그 사이: 드라마 〈알함브라 궁전의 추억〉의 크리에이티브 전략", 송재정 작가 특별강연, 2019.4.26.

3 미국의 SF문학상으로, 자유주의 미래학회(Libertarian Futurist Society)에서 주관하여 시상한다. 2012년 어니스트 클라인의 〈레디 플레이어 원〉이 최우수장편상을 수상했으며, 시상 부문은 최우수장편상 외에도 명예의 전당상(Prometheus Hall of Fame Award), 특별상 등이 있다. 2021년에는 배리 B. 롱이어의 〈The Hook〉가 수상했으며, 역대 수상작들로는 영화화된 〈브이 포 벤데타〉, 〈반지의 제왕〉 등이 있다.

4 논문검색사이트인 www.dbpia.co.kr, www.riss.kr, 한국학술지인용색인(www.kci.go.kr) 기준으로 키워드를 검색한 결과, 현재 〈알함브라 궁전의 추억〉과 관련하여 5편의 논문이 검색된다.

5 강신규, 「드라마와 게임 사이, 현실과 게임 사이: 알함브라 궁전의 추억과 경계의 재구성」, 『문화과학』 97, 문화과학사, 2019.

6 강혜진, 「환상계를 대하는 두 가지 태도, 知와 信: 드라마 〈알함브라 궁전의 추억〉과 전기소설 〈이생규장전〉을 중심으로」, 『한국문학과 예술』 29, 숭실대학교 한국문학과 예술연구소, 2019.

7 안숭범, 「트랜스 휴먼 시대 포스트 프로메테우스의 두 양상: 데츠오(아키라)와 쿠사나기(공각기동대)의 다른 실천에 관한 고찰」, 『글로벌문화콘텐츠』 29, 글로벌문화콘텐츠학회, 2019.

8 에케하르트 로터, 게르노터 로터, 신철식 옮김, 『비너스, 마리아, 파티마: 쾌락은 어떻게 악마적인 것이 되었는가?』, 울력, 2010.

9 워싱턴 어빙, 최민석 옮김, 『알함브라 궁전의 이야기』, 혜윰, 2018.

10 윤선희, 「대중문화에 나타난 종교적 모티브와 TV 드라마 내러티브의 신화구조」, 『한국언론학보』 54(2), 한국언론학회, 2010.

11 에드먼드 리치, 신인철 옮김, 『성서의 구조 인류학』, 한길사, 1996.

12 김모세, 『르네 지라르: 욕망, 폭력, 구원의 인류학』, 살림, 2008.

13 안숭범, 「희생양 메카니즘의 영화와 희생제의로서 영화체험: 〈똥파리〉와 〈피에타〉를 중심으로」, 『비교한국학』 21(1), 국제비교한국학회, 2013.

14 문지연, 「사실은 히어로물, 송재정 작가가 밝힌 알함브라의 세계관의 비밀」, 『스포츠조선』, 2019.1.15.

15 송재정·김연주, 『인현왕후의 남자』 1권, 로그인, 2012.

16 김공숙, 『멜로 드라마 캐릭터의 신화적 원형 연구』, 고려대학교 박사학위논문, 2015.

이 글은 『글로벌문화콘텐츠』 48호에 게재된 필자의 논문 「송재정 드라마의 신화적 모티프 변용에 나타난 세계관: tvN 〈나인: 아홉 번의 시간여행〉과 〈알함브라 궁전의 추억〉을 중심으로」를 바탕으로 본서를 위해 수정한 것이다.

# OTT 시대 오디션 프로그램의 재탄생, '스핀오프 예능'

박선민

## 생존 공식 6: 대중의 눈높이로 트랜스미디어 하라!

성공한 콘텐츠는 대부분 뚜렷한 세계관과 스토리텔링을 갖는다. 원천 콘텐츠를 새롭게 변형한 스핀오프 프로그램은 대중에게 익숙하면서도 기존의 포맷과는 다른 방식을 취한다는 점에서 큰 장점이 있다. 특히 〈미스터트롯〉, 〈싱어게인〉 같은 오디션 프로그램의 경우 새로운 스타와 스토리텔링이 탄생한 만큼 그 특성을 잘 활용한 파생예능들이 대다수 인기 프로그램으로 자리 잡았다. 기존 프로그램의 장점은 이어가되 대중의 눈높이에 맞춰 트랜스미디어 하는 것! 그것이 OTT 시대에 살아남을 또 하나의 생존 공식이다.

컬러TV 시대 이래로 음악 프로그램은 끝없는 변신을 거듭해왔다. 20세기 '스타들'이 자신의 음악을 들려주는 경연의 장으로 존재했던 프로그램은 21세기 들어 '스타가 아닌 일반인들'이 스타가 되어가는 과정을 보여주는 경연의 장으로 탈바꿈했다. 이렇듯 음악 프로그램이라 불리는 일반인들의 '스타 만들기 오디션'은 그 모습을 달리하며 끝없이 재생산되고 있다.

이런 열풍은 코로나 시대와 맞물리며 모습을 달리한다. 몇몇 오디션 프로그램이 기존의 인기를 토대로 안정성과 경제성을 누리는 스핀오프 프로그램을 내놓기 시작하면서 오디션 음악 프로그램에서 파생된 음악예능이 하나의 패턴으로 자리 잡게 되었다. 여기서 말하는 '스핀오프 프로그램'[1/2]이란 원천콘텐츠[3]에서 파생된 프로그램으로 주된 세계관은 공유하면서 그만의 독립적인 구성으로 변화한 콘텐츠를 뜻한다.

가장 대표적인 프로그램은 TV조선의 〈내일은 미스터트롯〉(이하 미스터트롯)으로 35.7%의 시청률이라는 인기를 바탕으로 〈미스터트롯〉의 우승자들을 주인공으로 하는 파생예능 〈뽕숭아학당〉과 〈사랑의 콜센타〉를 배출했다. 두 프로그램 모두 〈미스터트롯〉의 TOP 6를 출연시키며 시청률 12%를 넘나드는 인기를 보여주었다. 또한 2021년 무명가수들의 재활 오디션을 내세운 〈싱어게인 무명가수전〉(이하 싱어게인)도 좋은 반응을 얻으면서 1~3위를 주인공으로 한 스핀오프 프로그램 〈유명가수전〉을 탄생시켰다. 그 외에도 TV조선의 〈미스트롯 2〉와 〈뽕 따러 가세〉, 〈내 딸 하자〉, KBS 2TV 〈트롯 전국체전〉과 〈트롯 매직유랑단〉, JTBC의 〈팬덤싱어〉와 〈팬덤싱어 올스타전〉 등 다양한

[그림 1] 〈싱어게인〉(좌)과 〈유명가수전〉(우)
(출처: 각 공식 홈페이지 발췌)

[그림 2] 〈미스터트롯〉(좌), 〈뽕숭아학당〉(가운데), 〈사랑의 콜센타〉(우)
(출처: 각 공식 홈페이지 발췌)

스핀오프 음악예능이 등장했다.

필자는 이러한 오디션 프로그램의 파생 원인이 다양한 OTT의 출현과 수용자 변화에 있다고 보았다. 과거 하나의 TV를 통해 모두가 보던 형태와 달리 여러 미디어에서 다양한 버전으로 보거나, 넷플릭스처럼 다양한 장르의 콘텐츠를 하나의 미디어에서 집중적으로 보게 되면서 소비의 형태가 달라진 것이다. 이것은 대중이 시간, 공간,

콘텐츠 등을 스스로 선택할 수 있는 능동적 환경이 되면서 TV에 대한 충성도 또한 변화했음을 의미한다. 한마디로 기존 성공한 프로그램의 주인공과 스토리텔링은 가지고 오되 플랫폼이나 구성을 변화시켜 인기를 얻고자 하는 21세기판 예능의 새로운 전략이라 할 수 있다.

이 글은 2021년 좋은 반응을 얻었던 〈싱어게인〉과 스핀오프 프로그램인 〈유명가수전〉, 2020년 오디션 프로그램 중 가장 높은 시청률로 인기를 끈 〈미스터트롯〉과 스핀오프 프로그램인 〈사랑의 콜센타〉-〈뽕숭아학당〉을 대상으로 다변화된 미디어가 TV와 어떻게 상생하며, 시청자의 역할이 프로그램에 어떻게 작용하는지를 살펴보고자 한다.

## 트랜스미디어와 스핀오프 프로그램

미국의 미디어학자 헨리 젠킨스(Henry Jenkins)는 미디어 간의 결합과 융합, 전이, 횡단하는 유동성에 주목하면서 미디어의 변화를 이해하기 위한 새 패러다임으로 '미디어 컨버전스'를 제시했다. 컨버전스란 다양한 미디어 플랫폼에서 보여지는 콘텐츠나 수용자의 이주성 행동을 의미한다. 미디어 컨버전스는 단순히 기술 변화만을 의미하지 않으며 기존의 기술, 산업, 시장, 장르 그리고 시청자 간의 관계를 변화시킨다.[4]

이러한 컨버전스는 시대 변화에 맞춰 TV 프로그램 전반에도 다양한 형태로 등장한다. 특히 컨버전스의 한 현상인 트랜스미디어[5] 콘텐츠는 스핀오프 프로그램에 나타난 특징을 극명하게 보여준다. 트랜스미디어 콘텐츠란 한마디로 하나의 콘텐츠가 다른 미디어로 변형·확산되거나 서로 다른 미디어가 서로 영향을 주면서 결합하는 형태를 뜻한다. 흔히 OSMU와 비교되는데 한마디로 OSMU는 동일한 스토리가 반복되지만, 트랜스미디어 콘텐츠는 미디어에 따라 다른 스토리를 가진 개별 콘텐츠로 제작된다. 또한 OSMU에서 주연 및 조연 캐릭터는 동일하지만, 트랜스미디어 콘텐츠는 캐릭터의 중요도가 바뀌거나 등장하지 않는 경우도 있다. 그렇다면 트랜스미디어 콘텐츠란 어떠한 특징[6]을 갖는지 알아보자.

〈표 1〉 트랜스미디어 콘텐츠의 특징

| |
|---|
| 첫째, 연속성과 확장성 |
| 둘째, 참여와 공유 |
| 셋째, 탈중심성과 열린 구조 |
| 넷째, 세계관 구축 |

첫째, 연속성과 확장성이다.

이것은 미디어 확장을 의미하는 '외연의 확장'과 스토리 확장을 뜻하는 '내연의 확장'으로 나뉠 수 있다. 원천콘텐츠를 중심으로 다양한 플랫폼으로의 전이가 가능하며, 멀티플랫포밍(multiplatforming)을 통해 확장·분화하는 양상을 갖는다.

둘째, 참여와 공유다.

기존 미디어의 콘텐츠 향유 방법이 제작자가 이야기를 일방적으로 전달하고 수용자가 수동적으로 받아들이는 것이었다면, 최근에는 수용자와 제작자가 이야기를 함께 만들어나가고 이를 공유하는 방식으로 바뀌었다. 팬덤(fandom), 팬픽션(fan-fiction), UC(G)C 등을 들 수 있다. 특히 헨리 젠킨스는 '트랜스(trans-)'가 콘텐츠 공급자 차원에서 이루어지는 것이 아니라 그 콘텐츠를 경험하는 수용자 차원에서 이루어지는 것이라며, 팬덤의 대상이 되고 있는 트랜스미디어 스토리를 강조했다.

셋째, 탈중심성과 열린 구조다.

트랜스미디어 콘텐츠에서는 다양한 진입 접점을 통해 이야기가 확대되고 있으며, 어떤 미디어를 통하더라도 서로 다른 이야기를 접할 수 있어 중심 미디어나 콘텐츠가 중요하지 않다. 또한 어떤 미디어를 먼저 접한다고 해도 이야기 내용을 이해하는 데 큰 무리가 없다.

넷째, 세계관 구축이다.

트랜스미디어 콘텐츠에서 미디어와 콘텐츠 사이의 관계는 긴밀한 연관성을 필수 전제로 한다. 따라서 구조적인 측면에서 일관된 세계를 구축하기 위해서는 구성 내용의 상호 연관성이 필요하므로 초기에 트랜스미디어 콘텐츠가 추구하는 세계를 중심으로 확장하는 형태를 보인다.

이처럼 트랜스미디어 콘텐츠는 연속성과 확장성, 참여와 공유, 탈중심성과 열린 구조, 세계관 구축을 통해 미디어를 넘나들며 수용자가 즐길 수 있는 하나의 장을 마련한다. 필자는 헨리 젠킨스의 이와 같은 분석이 TV 스핀오프 프로그램에 나타난 현상과 흡사하다고 보고 그 현상을 다음과 같이 살펴보았다.

## 스핀오프 프로그램으로의 변화, 원인과 특징

TV 오디션 프로그램이 새로운 형태로 변화를 모색하는 데는 몇 가지 요인이 작용한다.

첫째, 시대적 요인이다.

최근의 스핀오프 프로그램은 코로나19라는 특수상황이 계기가 되었다. 제작진은 오디션 프로그램의 특성이었던 콘서트나 야외공연으로 이어지는 그간의 관행이 코로나로 인해 어렵게 되자 기존 인기 프로그램의 후광을 이어갈 프로그램을 기획하게 되었다. 이러한 기획은 안정성을 추구하고자 하는 대중문화의 경제논리와 맞물리면서 오디션 프로그램에서 파생된 스핀오프 프로그램을 탄생시켰다. 일단 시장에서 잘 팔린 문화상품의 파생을 통해 시장성에 편승하려는 대중문화의 전략과 잘 맞아떨어진 결과라 할 수 있다.

둘째는 미디어 플랫폼 요인이다.

인터넷이 되는 곳이라면 어디든 유튜브와 넷플릭스로 대표되는 OTT 서비스와 모바일 플랫폼이 가능한 N스크린 시대가 되면서 TV는 미디어 매체로서의 독보성을 상실했다. 한집에 사는 가족들이 함께 TV를 보는 것이 아니라 같은 시간 TV나 태블릿, 모바일, PC 등 각자 보는 개인화 방식에 익숙해졌다. 특히 코로나19가 시작된 2020년부터 OTT시장이 급격하게 성장한 것을 알 수 있다.[7] 이로써 TV를 포함한 모든 플랫폼은 시청자를 유치하기 위한 작업에 적극적으로 나서야 하는 시대가 되었다.

셋째로 수용자 요인이다.

미디어는 전형적인 습관 산업이다. 제작자 입장에서는 주 시청자층에 대한 고민이 늘 선행한다. 지상파가 전부였을 때 미디어를 소비하던 세대, 케이블로 타 채널을 소비하던 세대, IPTV 등장 이후 VOD를 소비하던 세대, 그리고 인터넷과 모바일로 콘텐츠를 이용하는 세대 중 자신의 프로그램은 어떤 시청자를 타깃으로 삼을 것인가가 프로그램의 향방을 결정하기 때문이다.

특히 젊은 세대일수록 OTT 이용률이 높기 때문에 세대에 따른 플랫폼 전략이 그만큼 중요해졌다고 할 수 있다. 그 예로 이 글의 사례가 된 〈싱어게인〉과 〈미스터트롯〉은 과거의 추억을 되살리는 복고열풍과 5070세대를 위한 프로그램이라는 새로운 세대 개척이 인기 요인으로 손꼽힌 바 있지만,[8] 제작팀 입장에서 2040세대는 꼭 끌어안아야 할 숙제였다는 점이다.

마지막으로, 프로그램 요인이다.

디지털 테크놀로지는 사용자가 기존의 프로그램을 이용하여 콘텐츠 내용을 자유롭게 조작하거나 융합할 수 있는 기술적 조건을 제공한다. 이런 환경은 미디어 간 상호작용뿐만 아니라 제작자와 프로그램, 시청자 간의 상호작용을 나타낸다. 따라서 방송프로그램은 더 이상 고정된 대상이 아니라 열린 텍스트로 인식되며, 방송 전반에도 캐릭터를 이용한 프로그램의 분화나 시청자의 참여, 다양한 미디어 방식이 적용된 형태를 보여준다. 또한 대중은 음악의 수용자이자 매개자이면서 생산자로서의 위치를 갖게 된다.[9] 과거 극성팬들에게만 존재했던 상호작용은 더욱 대중화되었고, 적극적 프로슈머를 위한 기획은 이제 방송 제작자들이 고민해야 할 중요한 숙제가 되었다.

이처럼 하나의 성공한 콘텐츠가 다른 미디어나 프로그램으로 변화하는 트랜스미디어적 요소는 TV 오디션 프로그램을 시작으로 예능 프로그램 전반에 나타나고 있다. 기존의 예능 프로그램들이 시리즈물을 내놓았던 것에 불과했던 패턴을 뛰어넘어 같은 주인공, 같은 캐릭터, 비슷한 세계관을 중심으로 한 다양한 파생 프로그램이 탄생했다. 이에 필자는 이러한 흐름이 컨버전스 시대 오디션 프로그램의 새로운 패턴으로 보고 스핀오프 예능의 대표적 사례인 TV조선 〈미스터트롯〉-〈뽕숭아학당〉-〈사랑의 콜센타〉와 JTBC 〈싱어게인〉-〈유명가수전〉을 분석하고자 한다.

## 연속적 스토리텔링과 세계관

현대의 스토리텔링은 그 프로그램만의 세계관과 성장 서사를 내세운다. 사례가 된 원천콘텐츠인 〈미스터트롯〉과 〈싱어게인〉은 기존의 스토리텔링과 서사를 스핀오프 프로그램으로 이어지게 함으로써 시청자에게 프로그램의 이해를 돕는 친숙함을 주었다.

오디션 프로그램은 그 특성상 다양한 출연자를 배출한다. 많은 출연자 중 매회 오디션을 통해 선발하기 때문에 제작진 또한 어떤 출연자가 살아남을지 가늠하기 어렵다. 그러나 방송을 거듭하면서 인기를 누리는 출연자가 탄생하고, 그에 따라 고정된 팬덤층이 나타난다. 횟수가 반복되고 출연자들을 둘러싼 에피소드가 쌓이면서 제작진도 그들의 캐릭터와 스토리텔링을 잡게 된다. 이러한 의도는 후반 편집을 통해 표현되며, 제작진의 스토리텔링은 출연자들의 에피소드를 통해 완성된다.

〈미스터트롯〉의 경우 오디션 프로그램임에도 자극적인 경쟁구도 대신 인간미를 내세우는 자막과 편집으로 6인의 우승자 전원이 하나의 가족 같은 '한국형 가족애'를 스토리텔링으로 내세웠다. 예를 들어 프로그램 도중 할아버지 장례를 치러야 했던 10대 정동원의 팀원들이 직접 조문해 참가자를 위로하고 가족의 의미에 대해 얘기를 나눈 장면이나, 준결승 대결 시 가장 나이 어린 정동원과 가장 나이 많은 '장민호'의 '삼촌-조카 관계' 콘셉트를 강조한 사례다.

대부분의 오디션 무대가 개인적인 성장에 관한 내용을 중심으로 진행되었다면, 〈미스터트롯〉에서는 오디션 단계에서부터 각 참가자의 사회적 관계 맺음에 대해 다루었다.[10] 특히 함께 듀엣을 불렀던 장민호가 경쟁 대신 조카뻘인 정동원을 위해 맞춤형 노래를 부름으로써

[그림 3] 정동원과 장민호의 〈미스터트롯〉 준결승 장면
(출처: TV 조선 〈미스터트롯〉 홈페이지 발췌)

[그림 4] 번호로 불리던 출연자가 자신의 이름을 찾는 〈싱어게인〉의 '명명식' 장면
(출처: JTBC 〈싱어게인〉 캡처)

승부를 양보한 장면이나, 부친이 돌아가신 후 홀어머니를 모시고 살았다는 스토리를 가진 임영웅 참가자의 사연과 노래는 누구나 쉽게 공감할 수 있는 사회적 관계 모델 스토리를 전면에 내세움으로써 '가족애'를 강조한 사례다. 이러한 '가족애' 스토리텔링은 이후 스핀오프인 〈뽕숭아학당〉과 〈사랑의 콜센타〉에서도 TOP 6 전체가 하나의 '대가족' 세계관 안에서 각자의 스토리텔링을 변형·발전시키는 형태로

표현되었다.

또한 JTBC의 〈싱어게인〉은 재기를 원하는 가수들의 리부팅 프로그램인 만큼 각각의 사연들 속에 성장 서사적 스토리텔링을 풀어냈다. 특히 참가자를 '번호'만으로 지칭한 후 자신의 이름을 찾아가는 상징적 서사가 극적 의미를 더했다. 30호 가수(이승윤), 29호 가수(정홍일), 63호 가수(이무진) 등 각각의 사연을 담고 있는 이들이 오디션의 여러 관문을 통해 자신의 이름을 찾고 최종적으로 승리하는 모티프는 일종의 동반적 카타르시스를 제공했다.[11]

이처럼 평범한 인물이 시련을 극복하고 성공하는 영웅 스토리의 부각은 프로그램에서 스토리텔링으로 기획되는 부분이다.[12] 음악으로 데뷔했으나 빛을 보지 못하고 무대 진출의 기회가 적었던 무명 가수, 예를 들면 헤비메탈 가수였던 29호 정홍일이나 무명의 설움을 딛고 우승자가 된 임영웅의 여정은 그 자체로 신화적 성공 스토리가 된다. 이러한 극적인 스토리텔링은 이후 파생예능 프로그램에서 더욱 깊이 있는 토크로 풀어지면서 연속성을 지닌다. 이렇게 구조화된 스토리는 이후 출연자들의 스토리텔링을 넘어 팬덤의 행위모방이 되고, 이를 통해 대상과 동일화를 이루게 된다.

## 캐릭터의 확장

오디션 프로그램은 기본적으로 많은 출연자를 대상으로 하기 때문에 다중적 스토리텔링을 바탕으로 캐릭터를 양산한다. 출연자들의 다양한 캐릭터는 시청자의 프로그램 시청 욕구를 충족시키는 요소가 되며, 출연자 중 자신과 유사한 그룹에 동질감을 느끼고 몰입할 기회가 다양하다는 것을 의미한다.

이렇게 나타난 프로그램의 캐릭터성은 회를 거듭할수록 강화되며, 출연자들의 새로운 면을 부각하면서 인기 요인이 된다. 특히 〈미스터트롯〉-〈뽕숭아학당〉-〈사랑의 콜센타〉의 경우 과거 오디션 프로그램들에서 한두 명의 우승자가 인기를 독차지한 것과는 완전히 다른 형태를 보여준다. 즉, 〈미스터트롯〉의 1위인 임영웅이 인기를 끄는 것과는 별개로, 아버지의 캐릭터를 지닌 장민호가 우승자 못지않은 인기를 끈 것은 매우 이례적이다. 이렇듯 〈미스터트롯〉에서 만들어진 다양한 출연자의 캐릭터는 〈사랑의 콜센타〉, 〈뽕숭아학당〉 두 프로그램을 통해 지속·강화된다.

예를 들어보자. 〈미스터트롯〉에서 기막힌 리듬감으로 인기를 끌었던 출연자 영탁은 〈사랑의 콜센타〉와 〈뽕숭아학당〉을 통해 '탁마에'라는 별명을 얻었다. 또한 이찬원은 음악과 가수에 관한 지식이 해박하다는 뜻의 '찬또위키'라는 별명을, 가장 어린 출연자인 정동원은 '삐약이', 이름만큼 1등의 영예를 안은 임영웅은 '임히어로', 춤선이 아름다운 김희재는 '희욘세', 맏형이자 모든 것을 양보하는 여린 캐릭터의 장민호는 '장사슴'이라는 별명으로 불린다. 이러한 캐릭터는 〈미스터트롯〉-〈사랑의 콜센타〉-〈뽕숭아학당〉을 가로지르며 지속·확장되어 그들을 지칭하는 또 하나의 이름이 되었다.

〈유명가수전〉 또한 〈싱어게인〉에서 보여진 묵직한 로커 정홍일, 자신의 세계가 확실한 이승윤, 발랄한 대학생 이무진의 캐릭터를 그대로 이어갔으며, 음악예능답게 토크와 음악으로 기존의 캐릭터를 강화했다.

〈미스터트롯〉 최종 TOP 6는 10대 정동원부터 20대 이찬원과 김희재, 30대 임영웅과 영탁, 40대 장민호까지 고른 세대 분포를 통해 친숙함을 불러일으키며 공감대를 형성했다. 실제 이들이 출연하는 〈사랑의 콜센타〉는 10대부터 80대까지 지역과 성별을 불문한 다양한 연령대 시청자의 사연과 신청곡을 받는 프로그램으로, 각기 다른 사연을 반영한 멤버들의 노래가 전 세대를 아우르는 컨버전스를 이루어내고 있다.

통상 트로트 프로그램은 50~60대가 중심이지만, 〈미스터트롯〉을 비롯한 스핀오프 프로그램들은 이들의 다양한 팬덤을 중심으로 세대 또한 확장되었다. 실제로 〈미스터트롯〉 2049세대의 시청률은 최종회편에서 11.9%를 기록한 바 있고, 〈미스터트롯〉의 스핀오프인 〈사랑의 콜센타〉, 〈뽕숭아학당〉 역시 2049세대 최고 시청률이 각각 5.5%(첫회 기준), 3.0%(9회 기준)에 달하는 등 첫 방송이 시작된 4월과 5월 이후 동 시간대 방송된 드라마 및 예능을 통틀어 가장 높은 인기를 보여주었다.[13] 이것은 OTT 플랫폼을 통해 미디어를 접하는 데 익숙한 젊은 세대들의 흥미를 유발한 것으로 볼 수 있다.

실제로 TV 프로그램은 클립영상을 편집해 각 방송사의 유튜브 채널로 내보낸다. 프로그램 장면들은 짧은 숏폼 형태로 각 우승자의 유튜브 방송에서 유통되며, 이를 통해 팬덤의 새로운 창작물이 등장한다. 헨리 젠킨스가 예견했듯이 동일한 콘텐츠가 다양한 채널로 유통되고, 또 수용되는 시점에 다양한 형태를 가지는[14] 트랜스미디어 세상이 된 것이다.

복고열풍을 잇는 오디션 프로그램 〈싱어게인〉 또한 각각 20대 이무진, 30대 이승윤, 40대 정홍일로 고른 세대 분포를 통해 인기를 얻었다. 〈싱어게인〉의 TOP 3를 주인공으로 하는 〈유명가수전〉은 인기 가수를 게스트로 불러 그들의 삶과 음악을 듣는 토크쇼 형태로 이루어진 만큼 특별 게스트 또한 다양한 연령대의 출연진이 등장했다. 이는 세대의 컨버전스를 통해 다양한 연령층과 취향을 잡고자 하는 제작진의 의도가 포함되어 있다.

## 장르의 컨버전스

음악 오디션 프로그램은 대부분 리메이크 음악으로 구성된다. 오디션 프로그램의 특성상 다양한 음악을 선보이는 것이 출연자들의 재능을 뽐내는 방법이기도 하지만, 방송사 입장에서 리메이크는 제작비를 절감하는 동시에 음원저작권에 대한 수익을 기대할 수 있는 핵심 콘텐츠라는 점에서 매력적이다. 음악 오디션 프로그램에서 보여주는 출연자들의 원곡 해석은 음악이 고정된 실체가 아니라 끊임없이 재구성되는 열린 텍스트이자 정체성이라는 사실을 의미한다.

〈미스터트롯〉의 경우 트롯 오디션이라는 특색에도 불구하고 기존의 정통 트롯뿐 아니라 발라드와 록, 댄스, 힙합 등 젊은 층이 소비하는 음악 장르를 접목한 '퓨전 트롯'을 선보이며 젊은 층의 접근을 한층 쉽게 만들었다. 트롯 오디션이지만 다양한 장르의 리메이크 음악을 받아들이면서 기존 트롯 프로그램과는 차별화된 형태를 나타냈다.

다양한 장르 구성은 〈미스터트롯〉만이 아니라 〈사랑의 콜센타〉나 〈뽕숭아학당〉에서도 이어진다. 시청자의 사연과 신청곡을 받아 즉석에서 불러주는 〈사랑의 콜센타〉는 동요부터 댄스, 발라드, 포크 등 트롯만이 아닌 다양한 장르의 음악을 곳곳에 배치해 그것을 어떻게 소화하는가에 의미를 부여한다. 또한 〈뽕숭아학당〉도 프로그램에 초대되는 특별 게스트들이 이적, 임창정, 조성모, 오마이걸 등 여러 장르의 가수들을 배치해 함께 부르는 모습을 보인다.

〈싱어게인〉-〈유명가수전〉 또한 발라드에서부터 헤비메탈, 댄스 등 다양한 장르가 프로그램 곳곳에 배치되었다. 〈유명가수전〉의 경우 스타급 가수들을 특별 게스트로 초대해 〈싱어게인〉 TOP 3와 노래하는 음악토크쇼 형식으로, 발라드의 아이유에서부터 트로트의 김연자까지 장르별 다양한 게스트를 초대해 풀어간다. 이것은 기존의 특정 음악 포맷을 벗어나 장르의 컨버전스를 통해 다양한 시청자를 끌어들이고자 하는 프로그램의 의도라 볼 수 있다.

## 팬과 출연자, 그리고 미디어의 선순환

이 글의 사례가 된 원천콘텐츠는 모두 음악 오디션 프로그램이다. 음악 프로그램의 진화된 형태인 음악 오디션 프로그램의 가장 큰 장점은 무명의 스타를 발굴하여 새로운 팬덤을 조직할 수 있다는 점이다. 능동적 참여자로서의 시청자는 더 이상 보는 것에 만족하지 않는다. 그들은 해석하고 전유하는 과거의 수동적 모습에서 벗어나 참여하고 연결하며 수행하는 능동적 역할로 그 핵심 성격이 변하면서 더욱 적극적인 행보를 보인다.

미디어의 순환은 전적으로 시청자의 적극적인 참여에 의존한다. 좋아하는 대상의 선택과 소비는 시청자에 의한 것이기 때문에 적극적인 시청자층, 즉 팬덤을 통해 자신들의 사회적·문화적·경제적 자본을 표현하는 취향의 위계가 일어난다.[15] 현재의 시청자는 방송날짜에 맞춰 콘텐츠가 전송되길 수동적으로 기다리는 대신 직접 검색엔진이나 추천 글, 뉴스피드나 자신들이 즐겨보는 유튜브나 웹사이트 같은 니치 사이트를 통해 미디어 콘텐츠를 능동적으로 찾아 비교한다.[16] 최근 오디션 프로그램의 인기 또한 TV나 모바일을 통해 본 프로그램을 온라인 공동체에서 활발하게 논하며, SNS나 토론 게시판에 친구에게 추천하는 메시지를 올리고, 밈 영상을 만들어 유튜브에 올리는 등 아마추어 수준을 넘어서는 시청자의 판정과 취향의 공유가 적극적으로 형성되었기 때문이라고 할 수 있다. 미디어 환경의 변화로 채널의 경계가 사라지고 팬과의 쌍방향 대응이 수익과 직결되고 있기 때문에 본방을 사수하는 시청률의 상승은 프로그램의 주 세대층이 얼마나 적극적인가와 밀접하다.

그러한 현상을 간파한 〈미스터트롯〉과 〈싱어게인〉의 제작진은 TV 오디션 프로그램이었지만 OTT와의 결합을 놓치지 않았다. 오디션이 진행되면서 나타난 출연진들의 새로운 팬덤을 프로그램 안에 녹여내면서 그들의 의견을 적극적으로 반영했기 때문이다. 특히 〈미스터트롯〉은 오디션 프로그램의 성격상 시청자의 참여가 클 수밖에 없었고, 스핀오프 예능인 〈사랑의 콜센타〉 또한 포맷 자체가 시청자 전화 참여로 이루어졌기 때문에 소통적 요소가 많을 수밖에 없었다. 이러한 구조는 팬덤의 활동을 더욱 강화시켰으며, 새로운 스타들의 유튜브 TV를 탄생시키거나 그들의 유튜브 TV에 합류하는 현상을 낳았다. 다음은 유튜브 공식마케팅 채널 noxninfluencer를 통해 살펴본 출연자들의 유튜브 활동이다.

〈표 2〉에서 볼 수 있듯 출연자들은 유튜브 TV를 조직하며 팬덤과의 긴밀한 상호작용을 벌인다. 특히 〈미스터트롯〉의 팬들은 유튜브

〈표 2〉 〈미스터트롯〉 TOP 6의 유튜브 활동(2021.6.3 기준)

| 출연진 | 유튜브명 | 가입일 | 조회 수 | 구독자 수(명) | 월간 수익률(원) |
|---|---|---|---|---|---|
| 임영웅 | IM HERO 임영웅 | 2011.12.2 | 8.59억 | 118만 | 147,217,777 |
| 이찬원 | 이찬원 | 2012.8.9 | 8,362만 | 27만 | 29,850,729 |
| 영탁 | 불쑥TV | 2016.2.27 | 1.94억 | 46만 | 20,879,758 |
| 장민호 | 장민호 | 2020.4.7 | 3,714만 | 26만 | 9,866,449 |
| 김희재 | HEEJAE | 2020.5.3 | 546만 | 20만 | 2,583,942 |
| 정동원 | 정동원TV | 2020.1.25 | 2,457만 | 22만 | 283,748 |

TV를 중심으로 출연자들의 기사, 동영상, 방송의 숏폼, 팬 창작물 등 다양한 콘텐츠를 공유하며 페이스북이나 트위터 같은 SNS의 접근성과 상호작용을 통해 집단지성의 힘을 보여준다. 자신들이 좋아하는 출연자들을 응원하고, 매회 나타난 출연자들의 에피소드와 이를 발전시킨 자신들만의 해석을 통해 커뮤니티를 강화한다.

눈에 띄는 대목은 출연자 이찬원의 인기가 원천콘텐츠 때보다 스핀오프 프로그램에서 급격히 높아졌다는 점이다. 출연자의 캐릭터가 스핀오프 프로그램에서 지속되는 것뿐 아니라 변형·확장됨으로써 새로운 매력을 보여준 것으로 해석할 수 있다.

또한 〈사랑의 콜센타〉는 시청자의 사연과 노래 신청으로 이루어진다. 이 프로그램의 재미는 6명의 출연자뿐 아니라 다양한 사연과 웃음을 주는 시청자와 이들의 팬층이다. 시청자에게 선택받고자 노력하는 출연자, 자신의 의견을 유쾌하게 풀어내는 시청자의 의견은 TV 프로그램 속에 보이지만 그 이후 OTT를 통해 모아지고, 2차, 3차의 콘텐츠로 재매개되면서 프로그램의 열기를 이어간다.

이러한 열기는 프로그램에 직접적인 영향력을 발휘하기도 한다.

〈표 3〉 〈싱어게인〉 우승자들의 유튜브 활동(2021.6.3 기준)

| 출연진 | 유튜브명 | 가입일 | 조회 수 | 구독자 수(명) | 월간 수익률(원) |
|---|---|---|---|---|---|
| 이승윤 | 이승윤 | 2013.6.18 | 565만 | 8만 | 1,620,000 |
| 이무진 | 이무진의 저장소 | 2021.1.29 | 520만 | 1만 | 1,716,000 |
| 정홍일 | 정홍일의 RED-ONE TV | 2018.8.27 | 533만 | 8만 | 220,000 |

〈뽕숭아학당〉은 초창기 'F4'라는 이름으로 4명의 출연자가 함께했다. 그러나 유튜브 TV와 SNS를 통해 끊임없이 보인 김희재와 정동원 팬들의 출연 요구와 특집으로 6명 전원이 출연한 22회분의 시청률이 눈에 띄게 오르면서 〈뽕숭아학당〉의 출연자는 F4에서 F6로 탈바꿈하게 된다.

반면 〈싱어게인〉은 오디션 프로그램의 성격상 팬덤들의 유튜브 활동을 적극적으로 받아들였으나 이후 스핀오프 프로그램인 〈유명가수전〉에 들어서면서 그 양상이 달라졌다. 〈유명가수전〉은 포맷상 특별 게스트와 3명의 출연자 간 토크와 음악에 집중하는 음악예능으로, 시청자의 공유와 참여가 어려운 구조로 되어 있다. 이는 이후 유튜브 조회 수나 구독자 수의 정체현상으로 나타났다.

〈싱어게인〉 이후 유튜브나 SNS를 통해 새로운 콘텐츠와 다양한 소통을 보인 이무진과 달리 이승윤과 정홍일은 팬들과의 소통이나 OTT 활동에 다소 소극적인 모습을 보였다. 콘텐츠는 정체되어 있었고, 팬들과의 교류 또한 뜸한 것을 볼 수 있었다. 그 결과 이 두 사람의 유튜브 조회 수는 〈유명가수전〉 이후 서서히 정체되거나 급감하는 결과를 낳았으며, 시청률 또한 눈에 띄게 감소하는 현상을 낳았다. 실제로 〈유명가수전〉의 방송 시청률은 2.03%(6월 15일분)로, 초기 시청률 3.4%(4월 2일분) 대비 감소 현상을 나타냈다. 음악 중심의 품격 토크쇼라는 프로그램 색깔을 감안하더라도 이러한 결과는 시청자의 공유와 참여 여건의 정도 차가 시청률에 얼마나 중요한 영향을 미치는지를 알려준다.

이처럼 팬들의 적극적인 활동은 더 이상 무시할 수 없는 존재가 되었다. 팬의 창작물들이 공개적으로 확산되면서 그들을 통제하거나 자유자재로 조종할 수 없게 될 뿐만 아니라 그들의 참여와 커뮤니티의 확산이 TV 프로그램의 시청률과 직결되기 때문이다.

미디어 간 서로 자유롭게 영향을 주는 트랜스미디어 콘텐츠는 팬들의 참여와 공유를 통해 다양한 미디어 플랫폼으로 전파되고 변형·확산되면서 선순환을 이루고 있다. '가로지르기', '초월' 등의 의미를 가지는 트랜스 현상은 다양한 미디어의 사용, 그리고 이야기의 분화가 어우러져 프로그램의 구성을 더욱 탄탄하게 만들었다.

## OTT 시대의 새로운 미디어 전략, 트랜스미디어

이제까지 21세기 오디션 프로그램과 스핀오프 프로그램에 나타난 트랜스미디어 전략을 살펴보았다. 이를 위해 TV조선 〈미스터트롯〉을 원천콘텐츠로 한 〈사랑의 콜센타〉-〈뽕숭아학당〉, JTBC 〈싱어게인〉을 원천콘텐츠로 한 〈유명가수전〉을 대상으로 삼았다. 다수의 프로그램을 살펴본 결과 스핀오프 프로그램 대부분은 원천콘텐츠와의 분화 과정에서 트랜스미디어적 요소를 함축하고 있음을 알 수 있었다.

첫째, 원천콘텐츠에서 스핀오프 프로그램으로 이어지는 연속적 스토리텔링과 세계관은 더욱 다중적인 확장을 이뤄나갔다. 음악 오디션 〈미스터트롯〉에 나타난 스토리텔링인 '한국형 가족애'는 이후 〈뽕숭아학당〉과 〈사랑의 콜센타〉로 이어지면서 6명의 우승자 전체가 하나의 '대가족' 세계관 안에서 각자의 스토리텔링을 변형·발전시키는 형태로 표현되었다. 또한 JTBC 〈싱어게인〉에 나타난 출연자들의 성장 서사적 스토리텔링은 〈유명가수전〉으로 스핀오프 되면서 개인의 에피소드를 음악과 토크를 통해 극대화했다.

둘째, 원천콘텐츠에서 나타난 각 출연자의 개성적 성격은 스핀오프 프로그램으로 이어지면서 하나의 캐릭터로 생성·확장됨을 알 수 있었다. 특히 과거 오디션 프로그램들이 한두 명의 우승자 중심의 인기몰이를 한 것과 달리, 결승 우승자 다수가 자신만의 캐릭터성을 강조하며 스핀오프 프로그램으로 이어졌다. 이러한 캐릭터는 원천콘텐츠에서 스핀오프 프로그램으로 지속·확장되어 그들을 지칭하는 또 하나의 이름이 되었다.

셋째, 세대와 장르의 컨버전스 양상을 보이고 있다. 제작진은 트로트 오디션, 7080 오디션이라는 기존의 고정층이 아닌 더욱 다양한 시청자를 끌어들이기 위해 출연자들의 세대나 장르의 폭을 의도적으로 확장하고 있음을 알 수 있다.

세대의 컨버전스를 위해 원천콘텐츠에서 인기를 얻은 10대에서 40대에 이르는 세대별 고른 연령층의 우승자를 그대로 스핀오프 프로그램의 주인공으로 이어갔다. 게스트 또한 아이유에서부터 양희은에 이르는 다양한 연령대로 구성했다. 장르의 컨버전스 현상도 뚜렷하게 나타나는데, 프로그램의 장르뿐 아니라 게스트까지 발라드에서부터 트로트에 이르는 다양한 음악으로 구성했다. 이러한 컨버전스 양상은 스핀오프 프로그램으로 계속 이어졌다.

넷째, 원천콘텐츠에서 나타난 팬들과의 교류는 스핀오프 프로그램으로 오면서 매체 간의 트랜스미디어 전략으로 뚜렷하게 나타났다. 원천콘텐츠인 〈미스터트롯〉과 〈싱어게인〉은 TV 오디션 프로그램답게 매회 새로운 팬덤이 증가했고, 이들의 의견을 열린 구조 속에 적극적으로 반영했다. 이러한 현상은 이후 스핀오프 프로그램으로 오면서 팬덤의 활동을 더욱 강화시켰으며, TV와 OTT의 결합으로 발전했다.

여기서 눈여겨봐야 할 점은 원천콘텐츠에서 세 프로그램 모두 팬들의 의견을 적극 활용한 것에 반해 스핀오프 프로그램으로 가면서 가수와 팬들의 상호작용이 달라졌고, 이에 따라 시청률이 뚜렷하게 양분되었다는 것이다. 팬들의 참여를 강조한 〈사랑의 콜센타〉와 〈뽕숭아학당〉은 유튜브 TV나 다른 OTT를 중심으로 기사, 동영상, 방송의 숏폼, 팬 창작물 등 다양한 콘텐츠를 공유하며 집단지성의 힘을 보여주었다. 또한 이렇게 모아진 팬들의 의견은 2차, 3차 콘텐츠로 재매개되면서 시청률의 상승으로 이어졌다.

이에 반해 〈유명가수전〉은 포맷상 특별 게스트와 TOP 3가 토크와 음악에 집중하는 음악예능으로 시청자의 공유와 참여가 어려운 구조로 되어 있다. 이것은 이후 유튜브 조회 수나 구독자 수의 정체현상으로 나타났으며, 시청률 또한 눈에 띄게 감소하는 현상을 낳았다.

이처럼 '음악 오디션-스핀오프 프로그램'은 TV에서 TV로 이어지는 확장뿐 아니라 OTT를 통한 복합적인 플랫폼으로 끝없이 재탄생했다. 또한 원천콘텐츠에서 생성된 스토리텔링과 세계관은 각 출연자의 유튜브 TV와 모바일 플랫폼을 통해 다양한 콘텐츠로 확장되었다. 이러한 열린 구조는 팬덤의 자발적 참여와 공유를 통해 다채롭게 변화했고, 그 결과물은 TV 프로그램에 다시금 영향을 주었다. 이러한 선순환 방식은 TV와 OTT, SNS 등 다양한 플랫폼을 넘나들며 지속·

변이·융합되는 모습을 보여주었다. 이것은 참여자의 능동성과 팬덤을 강조한 헨리 젠킨스의 이론과 상당히 부합하는 부분으로 연속성과 확장성, 참여와 공유, 탈중심성과 열린 구조, 세계관 구축이라는 트랜스미디어 콘텐츠의 특징이 스핀오프 프로그램 전반에 중요하게 작용했음을 의미한다.

기존의 음악 프로그램이 오디션 음악 프로그램으로, 또한 스핀오프 예능 프로그램으로 변화한 가장 큰 이유는 시청자가 더 이상 수동적으로 듣는 음악만을 원하지 않기 때문이다. 음악을 듣는 것을 넘어 출연자를 성장시키며, 투표를 통해 능동적으로 시청자의 의견을 피력할 수 있다는 점이 오디션 프로그램의 매력으로 작용하면서 음악 프로그램은 더 이상 보는 것만이 아니라 참여하고 직접 만드는 프로그램으로 변화했다.

문화진화의 과정으로 본다면 TV 프로그램은 앞으로도 끝없이 새로운 프로그램, 좀 더 시청자 위주의 프로그램으로 제작하게 될 것이다. 중요한 것은 시청자가 즐기고 놀 수 있는 환경을 마련하는 것이며, 폭넓은 상호작용과 트랜스미디어 전략을 통해 다양한 미디어에 맞는 선제적 콘텐츠를 기획하는 것이 어느 때보다 중요해졌다.

1 김희경, 『스핀오프의 구성요소와 유형』, 커뮤니케이션북스, 2018, 35-63쪽.

2 스핀오프는 흔히 영화에서 많이 쓰이는 형태로 미디어, 테크놀로지, 네트워크의 발달과 함께 최근 TV 프로그램에서도 융복합적 형태로 등장했다.

3 원천콘텐츠란 초기 원소스가 되었던 프로그램을 지칭한다.

4 헨리 젠킨스, 『컨버전스 컬처』, 36쪽.

5 트랜스미디어는 미디어 간의 상호작용이 커져서 서로 다른 미디어가 결합하는 현상을 의미하는 동시에 특정한 내용을 갖는 미디어의 내용이 다른 미디어로 전환되는 현상을 말하기도 한다. 즉 트랜스미디어는 컨버전스의 컨버전스로서, 인터 컨버전스로 진화해나간다. 인간 행위자–콘텐츠–채널–미디어의 구분이 흐려지고 융합되는 네트워크 상황에서 나날이 그 영향력이 확대되고 있다.

6 김희경, 『스핀오프의 구성요소와 유형』, 커뮤니케이션북스, 2018, 27-32쪽.

7 방송통신위원회에 따르면 OTT시장은 2016년 4,884억 원 규모에서 2020년 7,801억 원 규모로 커진 것을 볼 수 있다. 특히 TV보다 모바일 기기에 익숙한 Z세대는 글보다는 영상에, 긴 영상보다는 짧은 영상에 익숙하다. 넷플릭스를 비롯해 다양한 OTT 서비스들이 드라마, 영화, 예능 등의 장르를 아우르고 있다면, 유튜브는 여러 가지 밈 현상과 유행을 만들면서 전 연령층의 파급력이 높아지고 있는 추세다.

8 김윤덕, 서혜진 PD의 "시청자가 다 옳다, 이 치열한 지옥이 즐겁다", 조선일보, 2021.03.20.

9 박선민, 『디지털 시대 한국 대중음악의 변화양상 연구』, 고려대학교 박사학위논문, 2017, 23쪽.

10 권지훈, 「오디션 서바이벌 프로그램의 스토리텔링 전략 변화」, 안동대학교 석사학위논문, 2020, 70쪽.

11 손성우·김동규, 「경쟁 리얼리티TV프로그램의 리얼리티 창출 기제와 그 의미에 관한 연구」, 『언론과 사회』 20, 2012, 50쪽 참고.

12 우정인, 「텔레비전 오디션 프로그램의 모방 스토리텔링」, 『한국문화기술』 30, 2021, 162-163쪽.

13 이승미, "'미스트롯2' OTT세대 TV앞으로 불러모은 '트롯매직'… 2030 인기비결", 스포츠조선, 2020.8.24. https://www.chosun.com/site/data/html_dir/2020/08/24/2020082401525.html?form=MY01SV&OCID=MY01SV

14 헨리 젠킨스, 『컨버전스 컬처』, 30쪽.

15 김수정·김수아, 「해독 패러다임을 넘어 수행 패러다임으로」, 『한국방송학보』 29,

2015, 46쪽.

16 김수정·김수아, 「해독 패러다임을 넘어 수행 패러다임으로」, 『한국방송학보』 29, 2015, 48쪽.

이 글의 내용은 『문화와 융합』 제43권에 게재된 필자의 논문 「TV쇼 프로그램의 생존방식과 트랜스미디어 전략」을 바탕으로 본서를 위해 수정한 것이다.

## 저자 소개

김공숙(金恭淑, Kim Gongsook)
국립안동대학교 한국문화산업전문대학원 융합콘텐츠학과 스토리텔링 전공 교수다. 안동대 문화산업연구소장을 맡고 있다. 방송작가(MBC·KBS·EBS 등)로 일했고, 고려대학교에서 『멜로드라마 캐릭터의 신화 원형 연구』로 박사학위를 받았다. 문화콘텐츠의 성공 여부는 인간 심리 및 고전 원형의 탁월한 변용에 달려 있다고 믿고 스토리텔링에 숨겨진 신화·민담과 고전의 원형을 탐구한다. 일간지·월간지에서 콘텐츠 비평을 한다. 『멜로드라마 스토리텔링의 비밀』(2017 세종우수도서), 『고전은 어떻게 콘텐츠가 되었을까』, 『응용인문학과 콘텐츠』 등 공저 5권이 있다. kimgongsook@naver.com

박선민(朴宣玟, Park Sunmin)
문화를 스토리텔링하는 기획자·연출가로 성균관대학교 미디어문화융합대학원 초빙교수다. MBC·EBS 방송작가로 문화프로그램을 기획했고, 〈임시정부100주년기념 아리랑대축제〉 예술감독, 〈2016 이란 순방공연〉 총감독, 〈2015 카타르 문화교류의 밤〉 총감독, 〈2012 세계여수박람회〉 연출감독 등 한류 연출자로 활약했다. 고려대학교에서 『디지털 시대 한국 대중음악의 변화양상 연구』로 박사학위를 받았고, 주식회사 올림의 대표이사이자 문화비평가다. 주로 한류 콘텐츠를 연구하며 저서로는 『콘텐츠 대전환 시대: 케이팝 인사이트』, 『대중가요 리메이크와 복고』, 공저 『문화원형과 콘텐츠의 세계』가 있다.
artsunmin@naver.com

윤복실(尹福實, Yun Boksil)
건국대학교 글로벌 캠퍼스 신문방송학과, 선문대학교 역사·영상콘텐츠학부, 호서대학교 창의교양학부에서 강의한다. KBS 라디오 리포터로 방송을 시작해, KBS·EBS·iTV·KTV 등에서 구성작가로 활동했다. 방송 매체에 담긴 동양철학에 관심을 두고, 성균관대학교 동양철학과에서 「TV 드라마 〈디어 마이 프렌즈〉에 나타난 가족 이데올로기 체계 연구」로 박사학위를 취득했다. 논문 「조선시대 가부장적 지배문화 형성 고찰」, 「TV 드라마 〈마더〉에 재현된 모성이데올로기 연구」, 「TV 드라마 〈눈이 부시게〉에 나타난 비극성 연구」가 있다.
boksilyun@gmail.com

이승희(李昇姬, Lee Seunghee)
고려대학교와 가천대학교에서 문화콘텐츠 관련 과목을 강의한다. 학부와 대학원에서 일본 문학을 공부했고, 고려대학교에서 문화콘텐츠를 전공해 『일본 글로벌 캐릭터의 요괴 문화 변용 및 활용양상 연구』로 박사학위를 받았다. 한국에서의 방송작가 경력과 일본에서의 생활을 바탕으로 한국과 일본의 대중문화콘텐츠를 비교·연구한다. 논문 「TV애니메이션 〈요괴워치〉 캐릭터 네이밍이 상업적 성공에 미친 영향 고찰」, 「일본 특촬 TV시리즈 〈가면라이더〉에 나타난 변신 모티프 연구」, 「일본에 부는 新한류, K-Book 열풍의 현재와 의의」가 있다.
popoya211@naver.com

이현민(李炫旼, Lee Hyunmin)
중국 북경대학교 미학과, 고려대학교 문화콘텐츠 전공 석사 졸업 후 동 대학원에서 『한국 TV 드라마의 이류연애담 모티프의 변용 양상 연구』로 박사학위를 받았다. 한국콘텐츠진흥원·한국문화관광연구원의 정책연구원, 서울문화투데이의 문화칼럼 기고, 방송통신심의위원회 특별위원, 채널A 〈시청자마당〉 대중문화평론 전문패널로 활동했고, 현재 로앤컬처 대표다. 경희대학교 응용예술학과에서 강의했고 추계예술대학교 문화예술경영대학원에서 강의한다. 대중문화의 이론과 실제를 적용하며 한중 콘텐츠를 연구해 『입체적 한중 대중문화』를 썼다. kcpopculture@naver.com

장은진(張銀眞, Chang Eunjin)
경성대학교 글로컬문화학부 문화콘텐츠학 전공 교수다. 고려대학교에서 『한국 TV드라마 신이(神異) 캐릭터의 환상성 연구』로 박사학위를 취득했다. SBS, KBS, iMBC 방송작가로 활동했고, 드라마, 웹툰, 방송 콘텐츠의 트랜스미디어 스토리텔링과 K-콘텐츠를 포함한 대중문화 비평과 연구를 하고 있다. 국제신문 「판타스틱 TV」 칼럼 기고, 저서 『판타지 웹툰』, 『웹툰평론선: 김수정, 신문수』, 논문 「한국대중문화 속에 나타난 사후세계 환상성 연구: 웹툰 〈신과 함께-저승편〉을 중심으로」, 「OTT시대 K웹툰 원작의 매체전환 전략연구: 드라마 〈계룡선녀전〉과 영화 〈장산범〉을 중심으로」 등이 있다. storychang@ks.ac.kr